特ミ特

D0116791

100 RECETTES DE NOUILLES ASIATIQUES

TEXTE DE
CARA HOBDAY

ADAPTATION FRANÇAISE DE
JOËLLE TOUATI

PHOTOGRAPHIES DE
ROBIN MATTHEW

GRÜND

SOMMAIRE

PRODUITS DE BASE

La cuisine asiatique est devenue si populaire en Occident que la plupart des ingrédients mentionnés ci-dessous se trouvent au rayon des produits exotiques des supermarchés. Dans le cas contraire, allez dans une épicerie chinoise, japonaise ou dans les magasins diététiques.

Aromates

Lait de coco : vendu en canettes ou en poudre.

Bonite émiettée : très utilisée dans la cuisine japonaise.

Crevettes séchées : à faire tremper avant de les utiliser.

Kamaboko (ou namaboko) et naruto : pâte de poisson séché, d'origine japonaise.

Mirin : vin de riz doux, utilisé dans de nombreux plats japonais.

Miso : pâte de haricots de soja, très parfumée.

Pâte de curry rouge : mélange très fort d'épices thaïlandaises.

Vins de riz : le shaosing (Chine) et le saké (Japon) n'ont pas le même goût. A défaut, remplacez-les par du xérès sec.

Pâte de crevettes (ou blachan) : à base de crevettes salées et fermentées ; ne l'utilisez qu'en très petite quantité et conservez-la au réfrigérateur dans un bocal hermétique.

Wasabi : raifort japonais, moins piquant que le raifort occidental.

Tamarin : fruit du tamarinier, abondamment utilisé dans la plupart des cuisines asiatiques pour sa saveur aigre et rafraîchissante. Pour extraire le jus de la pulpe séchée, mélangez 2 cuil. à soupe de pulpe et 4 cuil. à soupe d'eau puis tamisez le mélange. Pour obtenir une saveur plus prononcée, laissez tremper le mélange 1 ou 2 h avant de le tamiser.

Herbes et épices

Basilic : n'utilisez que du basilic frais. Le basilic rouge a un goût plus raffiné que le basilic vert.

Piments : frais ou séchés, entiers ou hachés.

Coriandre : les feuilles et tiges fraîches, que l'on trouve en bottes, et les grains (ronds et bruns) ont des goûts très différents.

Galangal : apparenté à la famille du gingembre, d'une saveur délicate.

Ciboule d'ail : plus grosse que la ciboulette, même goût que l'ail.

Feuilles de kaffir : leur arôme rappelle celui des agrumes ; sont vendues sèches ou fraîches.

Citronnelle : son parfum se rapproche de celui du citron. Les feuilles fraîches sont beaucoup plus parfumées que les sèches. N'utilisez que le cœur très tendre.

Gingembre : choisissez des racines fraîches et fermes. Le gingembre peut être râpé, haché ou réduit en purée. Pelez-le avant de l'utiliser.

Poivre du moulin : il en existe de nombreuses variétés : poivre noir, poivre blanc, poivre vert, poivre du Sichuan (grains rouge-brun) connu sous le nom de poivre aromatique.

Sept-parfums ou poivre japonais : mélange composé de piment, sésame, nori et pelure d'orange séchée. Peut être remplacé par du poivre au citron. Le poivre à l'oignon est également un mélange de plusieurs épices.

Anis étoilé : petit fruit en forme d'étoile, à l'arôme et au goût d'anis. Vous pouvez l'utiliser entier ou en extraire les graines.

Curcuma : généralement vendu en poudre, utilisé pour sa couleur jaune vif et sa saveur âcre.

Huiles et vinaigres

Huile au piment : utilisée comme aromate.

Huile d'arachide : recommandée pour les fritures à température élevée.

Huile de sésame : au goût de noisette, s'utilise en très petite quantité pour parfumer les plats.

Huile de tournesol : adaptée à tous les types de cuisine.

Vinaigre de vin et vinaigre à l'ail : parfois utilisés pour la préparation des plats asiatiques.

Vinaigre de riz : extrait du riz fermenté, est toutefois beaucoup plus courant. On peut éventuellement le remplacer par du vinaigre de cidre.

Vinaigre de riz chinois : de couleur noire, se rapproche, par son goût relevé, du vinaigre balsamique.

Sauces

Pâte de haricots de soja : épaisse et salée, de couleur noire ou jaune.

Sauce de poisson : (Nam pla en Thaïlande, Nuoc Mam au Vietnam), préparée à partir de poissons salés et séchés ; elle est très parfumée, de couleur marron clair. Le goût de poisson, très prononcé, disparaît à la cuisson.

Sauce Hoisin : sauce brunâtre, à base de soja, épaisse, sucrée et d'un goût très relevé.

Sauce d'huîtres : épaisse et très parfumée.

Sauce soja : il en existe de nombreuses variantes. En Chine, on trouve de la sauce claire et de la sauce foncée, toutes deux plus salées que la sauce soja japonaise.

Algues

Elles sont généralement vendues séchées. Après les avoir fait tremper, vous pourrez les utiliser comme aromate ou comme garniture.

Hijiki : algue noire, vendue en morceaux.

Konbu (ou kombu) : son aspect se rapproche de celui du varech. Ingrédient de base du bouillon japonais, le dashi, souvent vendu en préparation instantanée.

Nori : vendu sous cellophane, en feuilles de couleur violet foncé.

Wakamé : vert foncé.

Légumes (secs et en conserve)

Pousses de bambou : jaunes clair, croquantes.

Champignons chinois : généralement séchés, très parfumés, de texture fibreuse. Faites-les tremper 20 min dans l'eau chaude avant de les cuisiner, égouttez-les et coupez les parties abîmées ainsi que les queues.

Champignons de mousse : d'une saveur délicate et d'une texture plus tendre ; souvent vendus en conserve.

Châtaignes d'eau : pelées, en conserve ; blanches et croustillantes.

LES NOUILLES

Parmi toutes les sortes de nouilles que nous vous présentons ici, toutes peuvent être employées pour la préparation des recettes proposées. Les nouilles japonaises te'uchi, faites à la main, sont les plus chères.

Vermicelles de soja (aussi appelés nouilles transparentes ou nouilles cellophane) : ils sont toujours attachés en paquets et marqués « amidon de haricot ». Il est très difficile de séparer ces vermicelles : ils sont donc souvent vendus en portions individuelles. Si vous utilisez ce type de nouilles pour la préparation de farces, vous devrez couper les paquets après cuisson. Une fois cuites, ces nouilles sont transparentes, ne collent pas et sont idéales pour la préparation de plats sautés ou de salades.

Nouilles de blé chinoise (ho fen) : longues, plates et épaisses, elles pourront accompagner les plats végétariens ainsi que les plats en sauce.

Nouilles Chow Mein : nouilles aux œufs plates et fines, servies avec la sauce Chow Mein.

Nouilles aux œufs : fabriquées à partir de farine de blé, d'œufs et d'eau, d'épaisseur fine ou moyenne. Les nouilles aux œufs ne collent pas et sont faciles à préparer. Vous pourrez les utiliser pour la préparation des plats sautés ou frits, en accompagnement ou bien les servir avec des sauces.

Mie : nids de nouilles chinoises aux œufs, moins nourrissantes que les précédentes. Peuvent parfois être parfumées au piment.

Ramen : nouilles japonaises, fraîches ou sèches, souvent vendues en préparation instantanée, accompagnées d'un sachet de soupe. Vous pouvez acheter ces plats instantanés, très bon marché, et n'utiliser que les nouilles pour la préparation de potages, qui feront d'excellents et très nourrissants plats uniques.

Nouilles de riz : ces nouilles chinoises, fines (vermicelles) ou plates, sont fabriquées à partir de farine de riz et d'eau. Les nouilles de riz ressemblent beaucoup aux vermicelles de soja : vérifiez que le paquet porte la mention « riz » ou « rice ». Ces nouilles ont une saveur neutre et constituent un accompagnement parfait pour les plats riches ou très épicés.

Tous les types de nouilles de riz peuvent être frits.

Soba : nouilles japonaises fines, préparées à partir de farine de sarrasin. Les meilleures (et les plus chères) sont celles qui contiennent le plus de farine de sarrasin. Les nouilles contenant 40 % de sarrasin sont excellentes et vendues à un prix raisonnable. Ces nouilles, marrons ou vertes, ajouteront une note de couleur à vos salades et plats sautés. Elles constitueront également d'excellentes farces. Servez-les en portions plus petites que les autres types de nouilles.

Somen : nouilles japonaises, très fines, d'un goût raffiné, fabriquées à partir de farine de blé tendre, utilisées dans les plats sautés, les soupes et en accompagnement. Ces nouilles peuvent remplacer les nouilles udon.

Udon : spaghettis japonais, fabriqués à partir de farine de blé. Les nouilles sèches sont légèrement plus plates que les fraîches. Elles sont excellentes en plats sautés ou en potage.

Comment réussir les nouilles asiatiques ?

La cuisson des nouilles dépend du type de plat auquel elles seront incorporées. Pour les soupes, vous réduirez légèrement le temps de cuisson, de façon à éviter de casser les nouilles. Pour les plats sautés, les nouilles seront cuites dans une grande quantité d'eau bouillante, afin d'éliminer l'amidon, qui rend les nouilles collantes et difficiles à cuisiner. Servez les nouilles aussitôt après les avoir préparées.

Il existe deux modes de cuisson des nouilles :

1. Nouilles fines : vermicelles de soja, de riz ou aux œufs, nids de nouilles, qui doivent absolument conserver leur forme. Mettez les nouilles dans un grand récipient et versez une grande quantité d'eau bouillante. (Le temps de cuisson est généralement indiqué sur les paquets de nouilles.) Égouttez.

2. Nouilles sèches, plus larges : plongez les nouilles dans une grande casserole d'eau bouillante. Quand une écume blanche (provenant de l'amidon) apparaît à la surface, versez un verre d'eau froide dans la casserole. Dès que l'eau recommence à bouillir, ajoutez de nouveau un verre d'eau. Certaines nouilles seront cuites dès la troisième ébullition. Pour d'autres, vous devrez répéter cette opération plusieurs fois. L'eau froide permet d'éviter que les nouilles se cassent et ne dégagent trop d'amidon. Égouttez et rincez les nouilles.

LES RECETTES

LES HORS D'ŒUVRE

Délicieuses entrées ou en-cas consistants, les potages de nouilles, très parfumés, sont préparés dans de nombreux pays d'Asie.
Vous pourrez également utiliser les nouilles pour la préparation d'autres entrées : artichauts farcis,
rouleaux de printemps, gâteaux de crabe. Toutes les recettes sont pour 4 à 6 personnes.

FEUILLES DE LOTUS FARCIES

On trouve des feuilles de lotus et des feuilles de bananiers dans tous les supermarchés asiatiques. La farce, emballée dans les feuilles, conserve ainsi tout son arôme.

Pour 4 paquets :
8 feuilles de lotus ou de bananier, lavées et coupées en carrés
100 g de vermicelles de soja
180 g de filet de poisson à chair blanche
1 cuil. à soupe de pâte de curry rouge
3 échalotes finement hachées
3 oignons nouveaux finement hachés
Jus de 1 citron

1 cuil. à café de curcuma
1/2 cuil. à café de purée d'ail
2 cuil. à café de sauce de poisson
1 cuil. à café de poivre blanc en grains, écrasés
2 piments rouges épépinés, hachés
100 ml de lait de coco
1 cuil. à soupe de sauce soja indonésienne (kecap manis).
En prévoir plus pour servir
1 œuf légèrement battu
Sauce chili, pour servir.

Faites tremper les feuilles de lotus dans l'eau chaude pendant environ 10 min, afin de les rendre plus tendres. Faites-les ensuite blanchir 6 min dans l'eau bouillante. Égouttez-les et passez-les sous l'eau froide, puis laissez égoutter. Faites cuire les nouilles 3 min dans une grande quantité d'eau bouillante ou selon les instructions indiquées sur le paquet. Égouttez-les et coupez-les en petits morceaux. A la moulinette, ou éventuellement à la main, hachez finement le filet de poisson. Ajoutez pâte de curry rouge, échalotes, oignons, jus de citron, curcuma, purée d'ail, sauce de poisson, poivre blanc et piments rouges. Moulinez jusqu'à ce que le mélange soit parfaitement homogène. Tout en remuant, ajoutez le lait de coco. Assaisonnez à votre goût avec le kecap manis et sans cesser de remuer, ajouter les œufs et les nouilles.

Sur une surface plane, étalez 4 des feuilles de lotus ou de bananier. Répartissez la farce dans les feuilles, que vous plierez ensuite autour de la farce. Afin que le paquet soit bien fermé, entourez la première feuille d'une autre feuille. Fermez le tout par un pique-olives. Faites cuire les paquets à la vapeur pendant 15 à 20 min selon leur taille. Servez aussitôt, fumant, accompagné de sauce chili ou de sauce soja indonésienne.

POTAGE AIGRE-DOUX

Tous les marchands de nourriture ambulants d'Asie du Sud-Est, qui transportent dans des paniers en équilibre sur leurs épaules, tous les ingrédients et le matériel nécessaires à la préparation de leurs plats, vendent ce potage. Le client indique quelle quantité de piment il désire et le vendeur prépare son potage en quelques minutes.

200 g de vermicelles aux œufs
1 cuil. à soupe d'huile de tournesol
100 g de champignons parfumés coupés en tranches
2 cuil. à soupe de coriandre fraîche hachée
Sel
120 g de cresson
Pour le bouillon
1 cuil. à soupe de tamarin
2 piments rouges séchés
2 feuilles de kaffir

Morceau de 2,5 cm de racine de gingembre hachée
Morceau de 5 cm de galangal haché
1 tige de citronnelle hachée
1 oignon coupé en lamelles
1 l d'eau
Pour la garniture
1 piment rouge frais, coupé en tranches fines
Quelques tranches de citron vert
Pousses de soja

Mettez tous les ingrédients du bouillon dans une casserole et portez-les à ébullition. Laissez cuire à feu doux pendant 5 min puis filtrez. Portez de nouveau le bouillon à ébullition. Ajoutez les nouilles et laissez cuire pendant 3 min.
Retirez les nouilles avec des pinces ou une écumoire et déposez-les dans les bols. Réservez le bouillon. Faites chauffer l'huile dans un wok. Quand l'huile est chaude, ajoutez les champignons et faites cuire pendant 1 min. Ajoutez le bouillon, la coriandre, salez et remuez. Dans les bols, ajoutez le cresson et versez le bouillon. Garnissez chaque bol avec des tranches de piment rouge.
Servez chaud, avec des tranches de citron vert et des pousses de soja.

Ci-contre *Potage aigre-doux*

CANARD MARINÉ SUR LIT DE NOUILLES

Les nouilles, servies avec des aliments très riches, apporteront à votre plat équilibre et harmonie.

3 cuil. à soupe de xérès doux	350 g de magrets de canard, dont
2 cuil. à soupe d'huile de tournesol	vous aurez ôté la peau
2 gousses d'ail écrasées	200 g de nouilles de riz plates
5 graines d'anis étoilé	100 g de concombre,
1 cuil. à soupe de cassonade	coupé en allumettes

Dans une assiette creuse, mélangez xérès, ail et anis étoilé et 1 cuil. à soupe d'huile puis assaisonnez. Ajoutez les magrets de canard. Laissez mariner pendant 1 heure au moins, voire jusqu'au lendemain. Faites chauffer une poêle à frire à fond épais. Égouttez les magrets de canard et réservez la marinade. Quand la poêle est très chaude, déposez-y les magrets et faites-les cuire à feu vif de chaque côté pendant 6 à 8 min. Puis ajoutez la marinade, un peu d'eau si nécessaire, et laissez cuire à feu doux. Retirez les magrets et laissez-les refroidir. Versez la sauce dans une coupelle. Faites cuire les nouilles 5 min. Égouttez-les et rincez-les sous l'eau froide. Après les avoir bien égouttées, mélangez-les avec une cuil. d'huile et les allumettes de concombre. Répartissez les nouilles sur les assiettes. Coupez les magrets de canard en fines tranches et disposez-les sur les nouilles. Servez avec la sauce.

SOUPE AIGRE AUX BOULETTES DE VIANDE

Association surprenante et délicieuse d'un bouillon léger et relevé, de boulettes de viande et de vermicelles de riz.

	Pour le bouillon
120 g de bœuf haché	1 tige de citronnelle
120 g de porc haché	légèrement écrasée
1 cuil. à soupe de sauce soja	1 oignon coupé en quatre
Graines d'un anis	2 cuil. à soupe de pulpe de tamarin
étoilé, écrasées	2 piments rouges séchés,
1 cuil. à café de graines de	finement hachés
coriandre	Morceau de 2,5 cm de racine
1 cuil. à café de poivre noir	de gingembre hachée
du moulin	Morceau de 5 cm de galangal
100 g de vermicelles de riz	haché
Coriandre hachée, pour	1 l d'eau
la garniture	

Mélangez bœuf, porc hachés, sauce soja, graines d'anis étoilé, graines de coriandre et poivre noir, puis confectionnez des petites boulettes à placer au réfrigérateur pendant 20 min. Pendant ce temps, mettez dans une grande poêle tous les ingrédients pour le bouillon, portez à ébullition et laissez cuire à feu doux pendant 10 minutes. Égouttez. Remettez la préparation dans la poêle et laissez frémir. Ajoutez les boulettes de viande et faites cuire à feu doux pendant 10 min ou jusqu'à ce qu'elles soient cuites. Ajoutez les vermicelles de riz 2 ou 3 min avant la fin de la cuisson. Servez chaud, avec une garniture de coriandre hachée.

ROULEAUX DE PRINTEMPS THAÏLANDAIS

D'une saveur plus délicate que les rouleaux de printemps chinois, les rouleaux de printemps thaïlandais sont généralement préparés sans viande. Ces tout petits rouleaux de printemps, à déguster en une bouchée, sont idéaux pour les apéritifs.

Pour 32 rouleaux de printemps :	finement hachés
2 cuil. à soupe de farine complète	2 cuil. à café d'arôme
150 ml d'eau	8 galettes à rouleaux de printemps
80 g de vermicelles de riz	de 25 cm²
1 cuil. à soupe d'huile végétale.	*Pour la sauce*
1 gousse d'ail écrasée	4 cuil. à soupe de vinaigre de riz
1 poivron vert finement haché	4 cuil. à soupe de sucre en poudre
1 branche de céleri finement hachée	1/2 cuil. à café de sel
2 oignons nouveaux finement	1 petit piment rouge frais, finement
hachés	haché
120 g de champignons chinois	

Tout en faisant chauffer à feu très doux, mélangez dans une casserole l'eau et la farine. Remuez constamment jusqu'à obtention d'un mélange épais et transparent que vous verserez dans un petit bol. Faites blanchir 30 sec les vermicelles de riz dans l'eau bouillante. Égouttez-les et coupez-les en petits morceaux de 2,5 cm, puis mettez-les dans un grand bol. Faites chauffer à feu vif 1 cuil. à soupe d'huile dans un wok. Ajoutez ail, poivre vert, céleri, oignons et champignons et faites sauter jusqu'à ce que les légumes soient tendres. Ajoutez l'arôme. Avec une écumoire, sortez les légumes et mélangez-les avec les vermicelles. Découpez chaque galette en 4 carrés, au centre desquels vous déposerez 2 cuil. à café de farce. Pliez vers l'intérieur 3 des coins du carré et enroulez le 4e coin. Fermez avec un peu de mélange de farine et d'eau. Pour la sauce, faites bouillir ensemble tous les ingrédients en remuant constamment, jusqu'à ce que la sauce épaississe, 5 min environ. Laissez refroidir. Dans un wok ou une friteuse, chauffez l'huile à 180 °C, jusqu'à apparition d'une légère fumée. Faites frire les rouleaux de printemps jusqu'à ce qu'ils soient dorés. Pour que vos rouleaux de printemps soient croustillants, égouttez-les sur du papier absorbant. Servez aussitôt, avec la sauce.

Ci-contre *Rouleaux de printemps thaïlandais*

UDON NABEYAKI

Étonnante préparation, à base d'œufs pochés dans un bouillon.

60 g de champignons parfumés	8 fines tranches de pâte de poisson
30 g de champignons chinois séchés	séché (kamaboko)
1 feuille de konbu	4 œufs
1,5 l d'eau	1 oignon nouveau finement haché
1 cuil. à soupe de pâte de haricots	**Pour servir**
de soja	Bonite émiettée
400 g de nouilles udon	Huile au piment
120 g de tofu, coupé en cubes	Sauce soja
90 g de haricots verts	

Si vous utilisez des champignons séchés, faites-les tremper 15 min dans l'eau chaude et équeutez-les. Faites tremper le konbu 15 min dans l'eau chaude, égouttez-le et coupez-le en lamelles.
Mettez l'eau et la pâte de haricots de soja dans une grande casserole (minimum 3 litres de contenance) et amenez à ébullition. Ajoutez les nouilles et laissez frémir. Puis ajoutez cubes de tofu, haricots verts, champignons, konbu et pâte de poisson séché. Couvrez et faites cuire à feu très doux pendant 5 min. Cassez les œufs dans le liquide frémissant. Couvrez la casserole et laissez cuire pendant 4 ou 5 min. Versez la préparation dans les bols de service et garnissez avec les lamelles d'oignon nouveau. Servez aussitôt. Assaisonnez avec la bonite émiettée, l'huile au piment ou la sauce soja.

BOUILLON DE POULET ÉPICÉ

Un plat raffiné, simple à préparer, pour un déjeuner léger entre amis.

1 poulet d'environ 1,5 kg	2 petits piments rouges frais,
1 l d'eau	épépinés et finement hachés
Morceau de 5 cm de racine	3 cuil. à soupe de coriandre
de gingembre	fraîche hachée
2 oignons émincés	120 g de nouilles de riz plates
Sel	2 oignons nouveaux, coupés
2 cuil. à soupe de soupe de poisson	en fines lamelles
1 cuil. à café de poivre noir	Basilic rouge frais, grossièrement
en grains	haché, pour la garniture
Jus de 1 citron vert	

Dans une grande casserole, mettez poulet, eau, gingembre, oignons et une bonne pincée de sel. Faites bouillir puis laissez cuire à feu doux pendant 45 min.
Retirez le poulet, désossez-le et coupez la viande en petites lanières. Remettez la peau et les os dans la casserole. Ajoutez la sauce de poisson et les grains de poivre. Faites cuire à feu doux pendant 2 h. Égouttez le bouillon et ajoutez le jus de citron vert, le piment et la coriandre. Tenez la préparation au chaud.
Faites cuire 5 min les nouilles dans l'eau bouillante. Égouttez-les et répartissez-les dans les bols de service. Sur les nouilles, disposez les lanières de poulet et les oignons nouveaux, puis versez la soupe chaude. Garnissez avec le basilic haché et servez aussitôt.

SOUPE AUX CHAMPIGNONS ET AU GINGEMBRE

Les champignons chinois donneront à cette soupe, rapidement préparée, un arôme exceptionnel.

15 g de champignons chinois séchés	gingembre, finement hachée
120 g de nouilles chinoises aux	700 ml de bouillon de légumes
œufs, d'épaisseur moyenne	chaud
1 cuil. à soupe d'huile de tournesol	1 cuil. à café de sauce soja claire
2 gousses d'ail écrasées	Feuilles de coriandre fraîches, pour
Morceau de 2,5 cm de racine de	la garniture

Faites tremper 30 min les champignons dans 300 ml d'eau chaude. Égouttez-les et réservez l'eau de trempage. Équeutez et coupez les chapeaux des champignons en tranches. Faites tremper les nouilles 10 min dans de l'eau très chaude. Pendant ce temps, faites chauffer à feu vif l'huile dans un wok ou une sauteuse. Ajoutez ail, gingembre et champignons. Faites sauter pendant 2 min.
Ajoutez le bouillon de légumes et l'eau de trempage des champignons, portez à ébullition. Ajoutez la sauce soja. Égouttez les nouilles et répartissez-les dans les bols de service, puis versez la soupe chaude et servez aussitôt.
Garnissez avec les feuilles de coriandre.

SOUPE DE VERMICELLES AU POULET

Plat unique, nourrissant et très parfumé.

1 poulet d'environ 1,5 kg	Sel et poivre noir du moulin
1 oignon coupé en quatre	2 l d'eau
1 carotte grossièrement hachée	100 g de vermicelles aux œufs
1 poireau grossièrement haché	15 g de beurre
2 branches de céleri	1 cuil. à soupe d'estragon
grossièrement hachées	frais haché
1 cuil. à café de poivre noir	**Pour la garniture**
en grains	1 cuil. à soupe de ciboulette
1 bouquet garni (laurier,	fraîche hachée
persil, thym)	Piment de Cayenne

Détachez les blancs et les cuisses du poulet. Enlevez les os et réservez-les. Découpez la chair en lanières.
Préchauffez le four à 200 °C/thermostat 6. Faites rôtir dans un plat la carcasse et les os des cuisses pendant 45 min.
Mettez les os et le jus de cuisson dans une grande casserole. Ajoutez oignon, carotte, poireau, branches de céleri, grains de poivre, bouquet garni et une petite pincée de sel, sur lesquels vous verserez ensuite l'eau. Portez à ébullition puis laissez cuire à feu doux pendant 1 h. Égouttez le bouillon et si nécessaire, assaisonnez.
Avant de les faire cuire, cassez les vermicelles en petits morceaux. Faites fondre le beurre dans une grande casserole. Ajoutez les lanières de poulet et remuez jusqu'à ce que la viande soit cuite. Assaisonnez généreusement. Ajoutez bouillon, vermicelles et estragon.
Faites cuire 5 min à feu doux. Servez chaud.
Garnissez avec la ciboule et le piment de Cayenne.

Ci-contre *Soupe aux champignons et au gingembre*

ARTICHAUTS FARCIS

Un plat à préparer au printemps, quand les artichauts sont abondants et bon marché !

4 artichauts
Jus de 1 citron
100 g de nouilles de soja
120 g de petits pois écossés frais
ou surgelés
1 échalote finement hachée

120 ml de crème liquide
Sel et poivre noir
du moulin
4 œufs de caille
Piment de Cayenne, pour
la garniture

Arrachez les queues et enlevez les fibres des artichauts ainsi que les premières feuilles, toujours dures. En partant du sommet, coupez les artichauts sur 2/3 de leur hauteur, de façon à ce que le foin soit apparent. Aux ciseaux, coupez les pointes des feuilles les plus dures. Égalisez la base de l'artichaut pour la rendre bien plate. Au fur et à mesure, plongez les artichauts dans un grand récipient d'eau, mélangée au jus de citron. Faites cuire les artichauts 15 min dans de l'eau bouillante salée.
Pendant ce temps, faites cuire les nouilles 4 min dans de l'eau bouillante, puis égouttez-les.
Préchauffez le four à 180°/thermostat 4. Quand les artichauts sont cuits, retirez-les de la casserole et égouttez-les. Dès que les artichauts ont refroidi, enlevez le foin avec une cuillère à café. Farcissez les artichauts de nouilles. Sur la farce de nouilles, ajoutez les petits pois et l'échalote.
Disposez les artichauts dans un plat de cuisson.
Salez et poivrez généreusement la crème et versez-la dans les artichauts que vous remplirez presque jusqu'au sommet. Cassez un œuf de caille sur la farce de chaque artichaut et parsemez généreusement de piment de Cayenne. Recouvrez d'une feuille d'aluminium. Faites cuire au four pendant 15 min. Servez très chaud.

SOUPE YUNNAN

Servez cette soupe dans des petites coupelles à couvercle (que vous trouverez dans les boutiques asiatiques) et votre table n'en sera que plus authentique !

1,2 l de bouillon de poulet fort
4 champignons parfumés,
coupés en deux
100 g de vermicelles de riz
100 g de poulet haché
2 oignons nouveaux finement
hachés
2 cuil. à café de sauce soja

3 cuil. à soupe d'huile de tournesol
ou d'huile d'arachide
1 cuil. à café d'huile de sésame
2 cuil. à café d'huile au piment
Morceau de 5 cm de racine de
gingembre râpée
1 gousse d'ail écrasée
100 g de cresson haché

Mettez le bouillon de poulet dans une grande casserole et portez à ébullition. Ajoutez champignons, nouilles, poulet, oignons et sauce soja. Portez à nouveau à ébullition puis retirez du feu. Couvrez et laissez reposer pendant 5 min. Mettez dans une petite casserole les différentes huiles, le gingembre et l'ail et faites chauffer. En remuant, ajoutez le cresson dans la soupe. Versez la soupe dans les petites coupelles préalablement réchauffées. Dans chaque coupelle, versez un peu d'huile chaude. Assurez-vous que le gingembre et l'ail sont également répartis. Laissez reposer 3 min avant de servir.

GÂTEAUX DE CRABE AUX NOUILLES

Excellente et très appétissante entrée que vous servirez avec de la sauce chili. Préparés avec de la chair de crabe blanche fraîche, ces gâteaux n'en seront que plus délicieux. À défaut, vous pouvez toutefois utiliser du crabe surgelé.

Pour 8 gâteaux :
120 g de vermicelles de riz
Huile, pour graisser le moule
8 grandes feuilles de basilic fraîches
180 g de chair de crabe, de
préférence fraîche
5 cuil. à soupe de lait de coco
2 cuil. à soupe de pâte
de curry rouge

2 œufs légèrement battus
1 cuil. à soupe de sauce de poisson
1 cuil. à soupe de coriandre
fraîche hachée
Sel et poivre noir du moulin
2 cuil. à café de piment de Cayenne
120 ml de mayonnaise
1 piment rouge frais, épépiné et
finement haché

Préchauffez le four à 200°C/thermostat 6. Faites cuire les vermicelles de riz 3 min dans une grande quantité d'eau bouillante et égouttez-les bien. Avec un peu d'huile, graissez des petits moules à brioche. Disposez une feuille de basilic sur le tour de chaque moule. Répartissez les vermicelles dans les moules en les disposant en forme de nid. Dans un bol, mélangez chair de crabe, lait de coco, pâte de curry rouge, œufs, sauce de poisson et coriandre. Salez et poivrez généreusement. Déposez une cuillerée de la préparation dans chaque nid de vermicelles. Faites cuire pendant 15 min, jusqu'à ce que le mélange de crabe ait gonflé. Dans un petit bol, mélangez le piment de Cayenne, la mayonnaise et le piment. Vous tremperez les gâteaux de crabe dans cette sauce avant de les déguster.

Ci-contre *Gâteau de crabe aux nouilles*

LES SALADES

Les nouilles sont un aliment de base parfait pour les salades. Elles se combinent merveilleusement avec les herbes,
les fruits et les légumes frais, craquants et rafraîchissants, ainsi qu'avec les sauces piquantes. Les salades de nouilles sont nourrissantes
et constitueront d'excellents déjeuners ou soupers légers. Sauf mention contraire, toutes les recettes sont pour 4 à 6 personnes.

VERMICELLES DE RIZ À LA SAUCE CACAHUÈTE

Des nouilles de riz délicieusement assaisonnées d'une variante riche et
épicée de la sauce satay, accompagnement parfait pour le poulet
mariné.

*1/2 cuil. à café de graines
de cumin
1/2 cuil. à café de graines
de coriandre
2 gousses d'ail écrasées
1 petit oignon coupé en quatre
1/2 poivron rouge,
grossièrement haché
1 cuil. à soupe de jus de citron*

*1 cuil. à café de sel
1/2 piment rouge frais,
épépiné et émincé
120 ml de lait de coco
230 g de beurre de cacahuète
250 ml d'eau
120 g de vermicelles de riz
1 cuil. à soupe de coriandre fraîche
hachée, pour décorer*

Commencez par préparer la sauce aux cacahuètes. Écrasez les graines
de cumin et de coriandre dans un mortier. Incorporez l'ail.
Mettez le mixeur en marche et introduisez-y quarts d'oignon,
mélange au cumin que vous venez de préparer, poivron rouge,
jus de citron, sel, piment, lait de coco et beurre de cacahuète.
Lorsque tous les ingrédients sont bien mélangés, versez-les dans
une casserole et mélangez-les avec l'eau. Portez à ébullition
et laissez cuire à feu doux pendant 2 à 3 minutes jusqu'à ce que
la sauce ait très légèrement épaissi, puis laissez refroidir.
Si la sauce épaissit en refroidissant, allongez-la avec un peu d'eau.
Faites cuire les nouilles dans une grande quantité d'eau bouillante.
Égouttez-les et passez-les sous l'eau froide puis égouttez-les
à nouveau. Mélangez les nouilles à la sauce cacahuète et disposez-les
sur un plat de service, que vous décorerez avec la coriandre hachée.

SALADE DE NOUILLES À LA MENTHE ET AU CITRON VERT

Une salade rafraîchissante, qui doit sa touche craquante aux pommes,
au céleri et au radis blanc, également appelé mooli ou daïkon.

*120 g de vermicelles de soja
Sel et poivre noir du moulin
fraîchement moulu
2 pommes Granny Smith, évidées
et hachées
2 branches de céleri, coupées
en tranches*

*2 cuil. à soupe de jus
de citron vert
120 g de mooli haché
2 cuil. à soupe de menthe
fraîche hachée
120 g de pousses de luzerne,
pour la garniture*

Versez de l'eau bouillante sur les nouilles et laissez reposer pendant
3 min. Égouttez-les bien et laissez-les refroidir.
Ajoutez le jus de citron vert et assaisonnez généreusement. Ajoutez
pommes, céleri, mooli, menthe et mélangez bien. Transférez dans un
saladier et parsemez de pousses de luzerne. Servez aussitôt.

SALADE DE NOUILLES AUX HERBES

Les herbes fraîches en abondance donneront à vos plats un goût
tonique, tout à fait différent de celui qu'apportent quelques herbes
parsemées en fin de préparation.

*400 g de nouilles de riz plates
2 cuil. à soupe d'huile de tournesol
1 poivron rouge finement haché
4 cuil. à soupe de coriandre
fraîche hachée
4 cuil. à soupe de menthe
fraîche hachée*

*4 cuil. à soupe de basilic frais haché
Sel et poivre noir du moulin
fraîchement moulu
1 piment vert frais, coupé en deux
et épépiné
1 gousse d'ail coupée en deux
Jus de 1 citron*

Cassez les nouilles en morceau d'environ 5 cm de longueur.
Faites-les cuire 3 min dans l'eau bouillante. Égouttez-les,
passez-les sous l'eau froide puis égouttez-les à nouveau.
Mélangez délicatement les nouilles avec l'huile, le poivron rouge
et les herbes. Assaisonnez généreusement de poivre et de sel.
Frottez l'intérieur d'un saladier avec le côté coupé du piment
et de l'ail puis jetez ce qu'il en reste.
Versez la salade de nouilles dans le saladier et arrosez de jus de citron.

Ci-contre *Salade de potiron et de nouilles (p. 22)*

SALADE ÉPICÉE AU GINGEMBRE ET AU PIMENT

Les nouilles soba, au goût riche et très caractéristique, de consistance ferme, conviennent parfaitement à la préparation de salades.

200 g de nouilles soba
90 g de chou blanc haché
1 cuil. à café de curcuma
1 gousse d'ail écrasée
1 cuil. à café de racine de gingembre râpée
1 cuil. à soupe de gingembre au vinaigre, coupé en morceaux
2 cuil. à soupe d'huile de tournesol

1 piment rouge frais finement haché
2 cuil. à soupe de coriandre fraîche hachée
2 oignons nouveaux finement hachés
Sel
Jus de 1 citron vert
1/2 cuil. à café de poivre à l'oignon

Faites cuire les nouilles 5 min dans une grande quantité d'eau bouillante. Égouttez-les, passez-les sous l'eau froide puis égouttez-les à nouveau. En mélangeant délicatement, incorporez le chou blanc. Mélangez curcuma, ail, racine de gingembre et gingembre au vinaigre, huile, piment, coriandre, oignons nouveaux et salez à votre goût. Mélangez cette sauce aux nouilles. Ajoutez le jus de citron et le poivre à l'oignon à votre goût. Servez froid.

SALADE DE POTIRON ET DE NOUILLES

Vous pouvez préparer avec le potiron d'excellentes salades ainsi que de très bons potages. Dans cette recette, son goût légèrement sucré se marie à merveille avec la coriandre et le sésame.

500 g de potiron ou de courge
230 g de nouilles soba
4 cuil. à soupe d'huile de tournesol
2 cuil. à café de vinaigre de vin rouge
1 cuil. à café de piment de

Cayenne, plus une pincée pour décorer
2 cuil. à soupe d'huile de sésame
Sel de mer et poivre noir du moulin
4 cuil. à soupe de coriandre fraîche hachée
2 cuil. à soupe de graines de sésame

Préchauffez le four à 180 °/thermostat 4. Coupez le potiron en deux gros morceaux dans le sens de la longueur. Enlevez les graines et les parties fibreuses. Enveloppez les morceaux dans du papier aluminium et faites cuire au four pendant 45 min jusqu'à ce que vous puissiez enfoncer facilement une fourchette dans la chair. Laissez refroidir puis pelez et coupez la chair en cube de 2,5 cm de côté. Faites cuire les nouilles dans une grande quantité d'eau bouillante pendant 4 min. Égouttez-les, passez-les sous l'eau froide puis égouttez-les à nouveau. Mélangez huile de sésame, huile de tournesol, vinaigre de vin rouge et piment de Cayenne et assaisonnez de sel et de poivre. Mélangez cette sauce avec les nouilles. Versez les nouilles dans un plat de service et mélangez avec les cubes de potiron et la coriandre. Parsemez de graines de sésame et d'une pincée de piment de Cayenne.

Ci-dessus *Salade verte craquante*

SALADE VERTE CRAQUANTE

Un repas oriental n'est parfait que s'il comporte un plat frais et craquant, comme par exemple cette salade aux saveurs subtiles. Très rafraîchissante, vous pourrez la servir avec un plat sauté. Pour 6 à 8 personnes.

120 g de vermicelles aux œufs
2 cuil. à soupe de vinaigre balsamique
2 cuil. à soupe d'huile d'olive
Sel et poivre noir du moulin fraîchement moulu
120 g d'asperges

120 g de courgettes, coupées en fines tranches biseautées
350 g de feuilles chinoises finement hachées
120 g de petits bouquets de brocoli
90 g de noix de cajou grillées, grossièrement hachées

Versez de l'eau bouillante sur les nouilles et laissez reposer 3 min. Égouttez, passez sous l'eau froide et égouttez à nouveau. Mélangez le vinaigre balsamique et l'huile d'olive, assaisonnez et mélangez avec les nouilles. Blanchissez les asperges dans l'eau bouillante, puis passez-les sous l'eau froide et égouttez-les. Si les pointes d'asperges sont grosses, coupez-les en morceaux. Mélangez nouilles, asperges, courgettes, feuilles chinoises et brocolis. Garnissez de noix de cajou grillées. Servez froid.

SALADE BLANCHE DE NOUILLES ET DE CONCOMBRE

Une salade légère, qui doit son caractère aux saveurs riches du sésame, associées à la fraîcheur du concombre.

500 g de concombre
Sel et poivre noir du moulin
80 g de vermicelles de riz
2 cuil. à soupe d'huile de sésame
2 cuil. à soupe de vinaigre de riz

1 cuil. à soupe de sauce soja claire
Jus de 1 citron vert
120 g de pousses de soja
2 cuil. à soupe de graines
de sésame grillées

Épluchez le concombre et coupez-le en fines tranches, que vous rincerez ensuite sous l'eau froide et que vous mélangerez avec 4 cuil. à café de sel. Laissez reposer pendant 15 min puis rincez et égouttez bien.
Versez de l'eau bouillante sur les nouilles et laissez reposer pendant 5 min. Égouttez-les et passez-les sous l'eau froide puis égouttez à nouveau.
Mélangez huile de sésame, vinaigre de riz, sauce soja et jus de citron vert. Assaisonnez et mélangez avec les nouilles.
En remuant, ajoutez le concombre et les pousses de soja.
Parsemez de graines de sésame et servez.

SALADE DE NOUILLES AUX OIGNONS

La saveur douce mais piquante des oignons blancs et des oignons nouveaux cuits agrémente à merveille les vermicelles aux œufs et les champignons.

12 petits oignons blancs pelés
4 cuil. à soupe d'huile d'olive
2 cuil. à soupe de sauce soja
Sel et poivre noir du moulin
fraîchement moulu
12 oignons nouveaux
finement hachés

1 cuil. à soupe de vinaigre
de vin rouge
120 g de vermicelles aux œufs
1 cuil. à soupe de coriandre fraîche
hachée
220 g de champignons de mousse
finement hachés

Préchauffez le four à 180 °C/thermostat 4. Mettez les oignons blancs dans un plat à rôtir et mélangez-les avec une cuil. à soupe d'huile d'olive et 1 cuil. à soupe de sauce soja. Assaisonnez généreusement.
Couvrez et faites cuire au four pendant 20 min en arrosant fréquemment. En remuant, ajoutez la moitié des oignons nouveaux, arrosez abondamment et faites cuire pendant encore 10 min.
Pendant ce temps, mélangez le reste d'huile d'olive et de sauce soja avec le vinaigre et assaisonnez.
Versez de l'eau bouillante sur les nouilles et laissez reposer 4 min.
Égouttez-les et passez-les sous l'eau froide puis égouttez-les à nouveau. Mélangez les nouilles avec la sauce.
Laissez refroidir les oignons 5 min puis en remuant, ajoutez-les aux nouilles. Ajoutez le reste d'oignons nouveaux, la coriandre et les champignons. Servez aussitôt.

SALADE DE BETTERAVE ET DE RADICCHIO

La betterave a été importée en Orient par les envahisseurs russes. Les Chinois, friands de légumes au vinaigre, ne tardèrent pas à adopter la betterave pour la préparer selon cette recette.

150 g de nouilles mie
1 cuil. à soupe de gingembre au
vinaigre coupé en fines lamelles
Sel et poivre noir du moulin
fraîchement moulu
2 cuil. à soupe d'huile
de tournesol

1 radicchio, coupé en morceaux
1 cuil. à soupe de sauce soja claire
90 g de betterave au vinaigre,
rincée et coupée en quarts
3 oignons nouveaux hachés
3 cuil. à soupe de basilic
rouge frais haché

Versez de l'eau bouillante sur les nouilles et laissez reposer pendant 2 min. Rincez-les et égouttez-les bien, en essayant de ne pas déformer les nids. Mélangez délicatement les nouilles avec la sauce soja et le gingembre au vinaigre et assaisonnez généreusement.
Faites chauffer l'huile dans une poêle, ajoutez le radicchio et faites cuire à feu moyen pendant 2 à 3 min, jusqu'à ce que le radicchio soit tendre. Retirez du feu et en remuant, ajoutez la betterave.
Laissez refroidir.
Disposez les nids de nouilles sur un plat de service.
Ajoutez la betterave, le radicchio et les oignons nouveaux et parsemez de basilic rouge.

Ci-dessus *Salade de betterave et de raddichio*

Salade de nouilles craquantes

Une salade fraîche et craquante, riche en couleurs, idéale pour un buffet d'été ou en accompagnement d'un Curry oriental ou d'un plat sauté.

60 g de vermicelles de riz
180 g de beurre
2 cuil. à soupe de graines de sésame grillées
2 cuil. à soupe de graines de tournesol grillées
2 cuil. à soupe de graines de potiron grillées
120 g de chou rouge coupé en fines tranches

1 poivron jaune finement haché
120 g de champignons de mousse coupés en deux
2 oignons nouveaux finement hachés
Sel de mer et poivre noir du moulin
Gingembre au vinaigre coupé en morceaux, pour la garniture

Écrasez les vermicelles de riz en petits morceaux.
Dans une petite casserole, faites fondre le beurre puis laissez-le légèrement refroidir. En refroidissant, la partie solide du beurre tombe au fond de la casserole. Réservez le beurre clarifié et jetez le beurre solidifié. Faites chauffer le beurre clarifié dans une poêle et faites-y frire les nouilles écrasées, par lots, en remuant constamment et délicatement. Égouttez les nouilles frites sur du papier absorbant puis mélangez-les avec les graines grillées.
Dans un saladier, mélangez chou, poivron jaune, champignons et oignons nouveaux puis assaisonnez d'une petite pincée de sel et de poivre. Juste avant de servir, ajoutez les nouilles frites et les graines grillées aux légumes et remuez délicatement pour mélanger le tout. Servez aussitôt, afin que les nouilles ne perdent pas leur texture craquante. Décorez cette salade colorée d'un petit tas de gingembre au vinaigre que vous disposerez au centre du plat.

Salade japonaise udon

Les nouilles udon, consistantes, sont excellentes en salade. Pour réussir votre recette, utilisez de préférence des nouilles udon fraîches : les nouilles sèches sont moins fermes et absorbent beaucoup de sauce.

90 g de concombre, coupé en fines tranches
2 cuil. à soupe de sel
230 g de nouilles udon
60 g de gingembre au vinaigre, coupé en morceaux

2 cuil. à café d'huile de tournesol
120 g de feuilles chinoises, coupées en morceaux
2 cuil. à café de poivre japonais aux sept-parfums ou de poivre au citron

Mettez le concombre dans une passoire, salez-le et laissez reposer pendant 30 min. Puis rincez-le bien sous l'eau froide et séchez-le avec du papier absorbant.
Faites cuire les nouilles 2 min dans une grande quantité d'eau bouillante. Égouttez-les et mélangez-les avec l'huile.
En remuant, ajoutez le concombre et le gingembre au vinaigre, puis les feuilles chinoises. Versez dans un saladier et parsemez de poivre aux sept-parfums ou au citron.

Salade au poivre et au citron

Utilisé comme aromate majeur, le poivre vous surprendra par son goût riche et fumé, par le picotement qu'il vous laissera dans la bouche. Mais attention ! Dosez très minutieusement les ingrédients de la sauce : la réussite de cette recette ne dépend que de l'équilibre des saveurs qui la composent.

180 g de nouilles de riz plates
Zeste râpé de 1 citron
1 cuil. à café de divers poivres en grains, écrasés
2 cuil. à café de poivre japonais aux sept-parfums ou de poivre au citron

3 cuil. à soupe de jus de citron
2 cuil. à soupe d'huile de tournesol
1 cuil. à café de miel clair
90 g de radis rouges, coupés en tranches
Sel

Faites cuire les nouilles 5 min dans une grande quantité d'eau bouillante. Passez-les sous l'eau froide puis égouttez-les. Mélangez zeste de citron et jus de citron, grains de poivre, poivre, huile et miel. Salez à votre goût. Mélangez les nouilles avec la sauce au citron jusqu'à ce qu'elles soient uniformément enrobées. Incorporez les tranches de radis. Servez froid.

Salade de nouilles de riz

Une salade qui fera sensation : des légumes craquants et des nouilles de riz servis avec une sauce au citron et au gingembre. Selon la saison, vous pouvez supprimer ou ajouter certains légumes.
Pour 6 à 8 personnes.

2 cuil. à soupe de jus de citron
1 cuil. à café de moutarde
1 cuil. à soupe de racine de gingembre râpée
3 cuil. à soupe d'huile de tournesol
Sel et poivre noir du moulin fraîchement moulu

280 g de nouilles de riz plates
120 g de pousses de soja
1 carotte coupée en allumettes
60 g de champignons de mousse coupés en deux
200 g de châtaignes d'eau en conserve, coupées en tranches

Dans un bol, battez énergiquement jus de citron, moutarde, gingembre et huile. Assaisonnez de sel et de poivre puis laissez de côté.
Faites cuire les nouilles dans une grande quantité d'eau bouillante, selon les instructions indiquées sur le paquet. Égouttez-les et coupez-les en petits morceaux, puis mélangez-les à la sauce. Mettez tous les légumes dans un saladier et ajoutez les nouilles. Mélangez les nouilles et les légumes et servez.

Ci contre *Salade au poivre et au citron*

SALADE DE LA MER

Un plat unique, à servir en été, pour combler les envies de fraîcheur et de piquant.
Proposez cette salade avec un grand bol d'aïoli et votre repas sera exquis !

8 calmars nettoyés, auxquels vous aurez enlevé les tentacules
2 cuil. à soupe de mirin
2 cuil. à soupe de vinaigre de riz
4 cuil. à soupe d'huile de tournesol
1 ou 2 piments rouges frais, épépinés et hachés
2 gousses d'ail écrasées
160 g de nouilles aux œufs d'épaisseur moyenne, cassées en morceaux

8 grosses crevettes roses crues, décortiquées
1 poivron rouge haché
120 g de pousses de soja
4 oignons nouveaux émincés
180 g de chair de crabe, de préférence fraîche
1 cuil. à soupe de curcuma
2 cuil. à café de coriandre moulue
1 cuil. à soupe de jus de citron
Sel

Coupez l'extrémité pointue des calmars et entaillez-les sur un côté, puis aplatissez-les en carrés. Avec un couteau bien aiguisé, pratiquez des entailles en zigzag à l'intérieur de chaque calmar. Mettez-les dans un récipient avec le mirin, le vinaigre, la moitié de l'huile et les piments. Laissez mariner pendant 1 heure.
Faites cuire les nouilles aux œufs 5 min dans l'eau bouillante. Égouttez-les, passez-les sous l'eau froide et égouttez à nouveau.
Versez les calmars et la marinade dans une casserole et ajoutez les crevettes. Portez à ébullition puis laissez cuire à feu doux jusqu'à ce que les calmars et les crevettes soient tendres.
Égouttez et laissez refroidir.
Dans un récipient, mélangez poivron rouge, pousses de soja, oignons nouveaux et nouilles. Ajoutez calmars, crevettes et chair de crabe.
Mélangez le reste d'huile avec curcuma, ail et coriandre et en remuant, incorporez la sauce à la salade. Assaisonnez de jus de citron et de sel. Servez glacé.

SALADE MALAYSIENNE À LA NOIX DE COCO

La noix de coco est très employée dans la cuisine malaysienne, pour enrichir et rehausser les épices. La poudre de noix de coco apporte à cette recette une consistance très particulière.

230 g de vermicelles de soja
1 cuil. à soupe de jus de citron vert
1 cuil. à café d'huile de sésame
120 ml de lait de coco
1 pincée de sucre
1 pincée de sel
1 piment rouge frais, épépiné et haché
1 tige de citronnelle légèrement écrasée

1 cuil. à café de curcuma
30 g de cacahuètes non salées, grillées et hachées
6 mini-épis de maïs coupés en deux dans le sens de la longueur
120 g de pousses de soja
Pour la garniture
60 g de noix de coco en poudre
Tranches de citron vert

Versez de l'eau bouillante sur les nouilles et laissez reposer pendant 3 min.
Égouttez-les, passez-les sous l'eau froide et égouttez à nouveau.
Mélangez jus de citron vert, huile de sésame, lait de coco, sucre, sel et piment rouge. Mélangez les nouilles avec cette sauce.
Frottez la tige de citronnelle et le curcuma sur les parois d'un saladier et jetez la tige de citronnelle.
Mélangez les cacahuètes, le maïs et les pousses de soja avec les nouilles. Versez dans le saladier et décorez avec la poudre de noix de coco et les tranches de citron vert.

SALADE DE NOUILLES AROMATIQUE

Une salade aux saveurs raffinées, accompagnement parfait des plats riches.

230 g de nouilles soba
1 cuil. à soupe d'huile de tournesol
4 cuil. à café de poivre du Sichuan en grains
1 cuil. à café de poivre noir en grains
2 cuil. à café de graines d'anis étoilé, écrasées
120 g de pousses de soja

430 g de lychees en conserve, égouttés et coupés en deux
1 carambole, coupée en fines tranches
1 cuil. à café de sauce soja
2 cuil. à soupe de cerfeuil frais haché
1 cuil. à soupe de jus de citron
Tranches de satsuma pour décorer

Faites cuire les nouilles 4 min dans l'eau bouillante.
Égouttez-les, rincez-les sous l'eau froide et égouttez à nouveau.
Mélangez-les à l'huile.
Écrasez les grains de poivre du Sichuan et de poivre noir. Mélangez avec l'anis étoilé écrasé. Incorporez ce mélange d'épices aux nouilles, en remuant jusqu'à ce qu'il soit bien réparti.
Mélangez délicatement avec pousses de soja, lychees et carambole.
Parsemez de sauce soja, de cerfeuil et de jus de citron et mélangez délicatement. Servez froid, avec une garniture de tranches de satsuma.

Ci-contre *Salade malaysienne à la noix de coco*

LES VOLAILLES

Accompagné de nouilles et aromatisé avec des épices orientales aux saveurs exotiques et mystérieuses, le poulet, rapide à préparer, apprécié de tous et déclinable selon mille et une recettes, constituera un excellent plat de semaine. Les nouilles s'accommodent à merveille avec les sauces riches et les volailles telles que le canard ou la caille. Toutes les recettes sont pour 4 à 6 personnes.

RAMEQUINS DE POULET

Savoureuse recette que vous pourrez préparer à l'avance et faire cuire à la dernière minute. À servir avec une sauce chili douce.

230 g de nouilles aux œufs
350 g de poulet haché
1/2 tige de citronnelle
1 piment vert frais, épépiné et
finement haché
250 ml de lait de coco
1 œuf légèrement battu

30 g de graines de sésame grillées
1 cuil. à café de sauce soja
2 cuil. à soupe de coriandre
fraîche hachée
Morceau de 2,5 cm de racine de
gingembre râpée
8 grandes feuilles de basilic fraîches

Préchauffez le four à 180°/thermostat 4. Faites cuire les nouilles 5 min dans une grande quantité d'eau bouillante. Rincez-les et égouttez-les bien. Dans un grand récipient, mélangez poulet, citronnelle, piment, lait de coco, œuf, graines de sésame, sauce soja, coriandre hachée et gingembre.
Au fond de chacun de 8 petits moules à brioche, posez une feuille de basilic. Disposez les nouilles sur le tour des moules et la préparation à base de poulet au centre. Faites cuire 15 min environ.

NOUILLES AU POULET ET AU SÉSAME

Association étonnante de saveurs !

230 g de vermicelles de soja
3 cuil. à soupe d'huile
de tournesol
2 cuil. à café d'huile de sésame
1 gousse d'ail écrasée
350 g de feuilles chinoises, coupées
en morceaux

3 oignons nouveaux émincés
350 g de chair de poulet,
désossée, coupée en lanières
30 g de graines de sésame grillées
Pour la garniture
Chips aux crevettes
Sauce chili

Versez de l'eau bouillante sur les nouilles et laissez reposer 3 à 5 min puis égouttez.
Dans un wok ou une sauteuse, faites chauffer l'huile de tournesol, l'huile de sésame et l'ail. Quand l'huile est chaude, ajoutez les feuilles chinoises et faites-les revenir pendant 2 min, tout en remuant.
En remuant, ajoutez oignons, poulet, graines de sésame et nouilles. Faites sauter à feu vif pendant environ 3 min. Avec deux cuillères, mélangez et soulevez les nouilles, afin que l'excédent de liquide s'évapore et que les nouilles ne deviennent pas pâteuses. Servez dès que le poulet est cuit et les nouilles chaudes. Accompagnez de chips aux crevettes et de sauce chili.

PANIERS DE POULET

Les nouilles frites constituent le panier qui contient le poulet sauté. Pour confectionner les paniers de nouilles, vous aurez besoin d'une cuillère à fondue asiatique, que vous trouverez dans n'importe quel supermarché oriental.

120 g de vermicelles de riz
450 g de cuisses de poulet désossées,
coupées en morceaux
1 gousse d'ail écrasée
Morceau de 2,5 cm de racine de
gingembre râpée
Huile pour friture
1 cuil. à café d'huile de sésame
3 oignons nouveaux émincés

1 cuil. à café de cassonade
1 cuil. à soupe de sauce de poisson
2 cuil. à soupe de pâte
de curry rouge
200 ml de lait de coco
2 cuil. à soupe environ
de sauce d'huîtres
Poivron rouge coupé en fines
tranches pour la garniture

Immergez les nouilles dans l'eau bouillante et laissez reposer 1 min. Égouttez bien (enlevez le maximum d'humidité pour éviter que l'huile de friture chaude ne gicle).
Mélangez l'ail et le gingembre avec le poulet et laissez de côté pendant que vous préparez les paniers.
Faites chauffer l'huile dans un wok ou une friteuse. Testez la température avec un morceau de vermicelle de riz : s'il remonte aussitôt à la surface et gonfle, l'huile est prête ; sinon, attendez un instant et répétez le test. Quand l'huile est chaude, disposez 1/6 des nouilles sur les bords de la cuillère à fondue, en laissant un vide au milieu. Immergez la cuillère à fondue dans l'huile chaude et faites frire pendant 10 secondes ou plus si nécessaire, pour que le panier de nouilles soit bien formé. Faites glisser le panier dans l'huile. Laissez cuire jusqu'à ce que le panier soit doré.
Égouttez sur plusieurs couches de papier absorbant et tenez au chaud. Procédez de la même façon pour tous les paniers.
Dans le wok, gardez une cuil. à soupe d'huile de friture et ajoutez l'huile de sésame. Quand le mélange d'huiles est chaud, ajoutez le poulet et les oignons puis faites sauter 2 min à feu vif. Ajoutez sucre, sauce de poisson, pâte de curry et lait de coco. Remuez pendant 1 min ou plus, jusqu'à ce que la sauce commence à épaissir. Ajoutez la sauce d'huîtres, à votre goût.
Répartissez la préparation de poulet dans les paniers de nouilles frits et servez avec une garniture de poivron rouge.

NOUILLES AUX FOIES DE VOLAILLE

Un plat unique, très parfumé, très simple à préparer !

*180 g de nouilles aux œufs
d'épaisseur moyenne
1 cuil. à soupe d'huile de tournesol
2 gousses d'ail écrasées
Morceau de 5 cm de racine de
gingembre râpée
180 g de foies de volaille,*

*grossièrement hachés
120 g de champignons parfumés,
coupés en tranches
2 cuil. à soupe de sauce soja claire
4 cuil. à soupe de xérès sec
2 oignons nouveaux finement
hachés, pour la garniture*

Faites cuire les nouilles pendant 5 min. Égouttez, rincez et égouttez de nouveau. Faites chauffer l'huile dans un wok et faites-y revenir l'ail, le gingembre et les foies de volaille. Faites sauter les foies de volaille jusqu'à ce qu'ils soient saisis. Ajoutez les champignons et les nouilles et laissez cuire à feu vif pendant 2 ou 3 min. Ajoutez la sauce soja et le xérès et faites sauter pendant 2 min. Servez aussitôt, avec une garniture d'oignons nouveaux.

POULET À LA PÉKINOISE SUR LIT DE NOUILLES DE RIZ CROUSTILLANTES

Vous retrouverez dans cette recette de poulet les saveurs et consistances uniques du canard à la Pékinoise.

*120 g de vermicelles de riz
Huile pour friture
1 cuil. à café d'huile de sésame
450 g de chair de poulet, désossée,
coupée en lanières
4 cuil. à soupe de sauce de haricots
de soja jaune*

*2 cuil. à soupe de sucre en poudre
3 cuil. à soupe d'eau
1 concombre coupé en petits
morceaux
6 oignons nouveaux coupés en petits
morceaux
6 radis grossièrement hachés*

Cassez les vermicelles de riz avant de les sortir du paquet.
Dans un wok, faites chauffer l'huile à 180 °C. Remuez l'huile et plongez-y quelques vermicelles de riz, qui devront aussitôt remonter à la surface. Faites frire les nouilles par petits paquets, jusqu'à ce qu'elles soient dorées et croustillantes. Égouttez-les sur du papier absorbant.
Dans le wok, gardez 2 cuil. à soupe d'huile de friture. Ajoutez l'huile de sésame, puis le poulet et faites sauter pendant 3 min. Ajoutez la sauce de haricots de soja et faites sauter pendant encore 3 min.
Ajoutez le sucre et l'eau, et, en remuant, les morceaux de concombre et les oignons. Faites sauter 3 min ou plus si nécessaire.
Dans les assiettes, répartissez les vermicelles frits sur lesquels vous déposerez la préparation à base de poulet. Parsemez de radis et servez.

CANARD ASSAM

« Assam », en malaysien, signifie « aigre » et s'applique à un plat préparé avec du tamarin. Dans cette recette, la saveur aigre de la sauce au tamarin et le goût riche du canard sont en parfaite harmonie.

*4 magrets de canard
Sel
3 cuil. à soupe de noix de coco
lyophilisée
4 échalotes émincées
2 gousses d'ail émincées
Morceau de 5 cm de galangal
haché
1/2 cuil. à café de graines de
coriandre
3 piments rouges frais, épépinés et
hachés*

*5 cuil. à soupe d'huile de tournesol
1 cuil. à café de curcuma
3 cuil. à soupe d'amandes moulues
3 cuil. à soupe de jus de tamarin
(voir page 5)
1 pincée de sucre
400 g de nouilles de riz plates
100 g de pousses de soja
Pour la garniture
2 cuil. à soupe de menthe hachée
1 oignon nouveau émincé
1 tige de citronnelle émincée*

Frottez les magrets de canard avec le sel et laissez de côté pendant 20 min. Puis coupez-les en tranches ou en gros dés.
Dans un mortier, écrasez la noix de coco jusqu'à obtention d'une pâte fine et huileuse. Ajoutez échalotes, ail, galangal, coriandre, piments rouges et écrasez jusqu'à obtention d'une pâte épaisse. Faites chauffer l'huile dans un wok ou une sauteuse, faites-y sauter le canard à feu vif pendant 2 min ou plus si nécessaire. Égouttez le canard.
Dans le wok, gardez 2 cuil. à soupe d'huile de friture. Ajoutez pâte d'épices, curcuma, amandes, tamarin et sucre. Faites sauter 3 min à feu moyen. Ajoutez le canard et faites sauter pendant 2 min.
Pendant ce temps, faites cuire les nouilles 3 min dans une grande quantité d'eau bouillante. Égouttez et disposez-les sur des assiettes.
Sur les nouilles, ajoutez les pousses de soja, puis le canard en sauce.
Garnissez de menthe, d'oignon et de citronnelle et servez.

MONTAGNE BLANCHE

Une ravissante petite montagne blanche, formée d'ingrédients de couleur claire. Vous trouverez les crêpes chinoises dans les boutiques orientales ou dans certains supermarchés.

120 g de nouilles de riz plates	1 cuil. à soupe d'huile de tournesol
2 blancs de poulet coupés en dés	Morceau de 2,5 cm de racine
120 g de tofu ferme, coupé en dés	de gingembre râpée
1 poivron rouge coupé fin	1 gousse d'ail écrasée
1 cuil. à café de sel	1 pincée de sucre
1 cuil. à soupe de farine de maïs	1 cuil. à soupe de sauce soja claire
2 cuil. à soupe de mirin ou de saké	1 cuil. à soupe de vinaigre de riz
8 crêpes chinoises	2 oignons nouveaux (uniquement
1 blanc d'œuf	le blanc), émincés

Versez de l'eau bouillante sur les nouilles et laissez reposer pendant 5 min. Égouttez et tenez au chaud. Dans un petit bol, mélangez poulet, tofu, poivron rouge, sel, farine de maïs, mirin (ou saké) et blanc d'œuf. Faites chauffer les crêpes au four à micro-ondes ou couvertes, au four traditionnel. Dans un wok ou une sauteuse, faites chauffer l'huile. Ajoutez le gingembre et l'ail puis remuez. Ajoutez la préparation de poulet et faites sauter à feu vif pendant 3 min. Ajoutez le sucre, la sauce soja et le vinaigre et faites sauter pendant 1 min environ. Déposez une crêpe dans chaque assiette et recouvrez-la de nouilles. Ajoutez la préparation de poulet et garnissez avec les oignons nouveaux.

RAMENS AU PIMENT

Peu calorique mais extrêmement relevé, un plat d'hiver qui vous réchauffera! Au Japon, les nouilles ramen sont servies dans les bars à nouilles, comme plat unique léger. Les consommateurs aspirent bruyamment les nouilles : telle est la façon consacrée de les déguster, car c'est ainsi que les arômes se révèlent! Et après avoir mangé les nouilles, ils boivent le bouillon directement dans le bol.

2 cuil. à café de racine de	1 poivron rouge finement haché
gingembre râpée	1 l de bon bouillon de poulet ou de
2 cuil. à soupe de sauce chili douce	bouillon dashi, réchauffé
300 g de chair de poulet désossée,	1 piment vert émincé
coupée en lanières	2 oignons nouveaux émincés
400 g de nouilles ramen	**Pour servir**
1 cuil. à café d'huile de sésame	Sauce soja
2 cuil. à café d'huile	Bonite émiettée
de tournesol	Huile au piment

Mélangez le gingembre râpé et la sauce chili douce. En remuant, ajoutez les lanières de poulet. Faites cuire les nouilles 2 min dans une grande quantité d'eau bouillante. Égouttez et tenez au chaud. Dans un wok ou une sauteuse, faites chauffer l'huile de sésame et l'huile de tournesol puis faites-y sauter le poulet pendant 2 ou 3 min. Dans les bols de service, disposez les nouilles et versez le bouillon chaud. Recouvrez avec le contenu du wok, le poivron rouge, le piment vert et les oignons. Servez aussitôt, accompagné de sauce soja, de bonite émiettée et d'huile au piment.

TORI NANBA SOBA

Un savoureux plat japonais : des nouilles de sarrasin, surmontées de poulet frit, à tremper dans une sauce avant de déguster.

1 l de bouillon dashi ou de bon	**Pour la sauce**
bouillon de poulet	3 cuil. à soupe de mirin
400 g de nouilles de soja	3 cuil. à soupe de sauce soja
Huile pour friture	japonaise
3 cuil. à soupe de farine complète	2 cuil. à soupe de bonite
300 g de chair de poulet désossée,	émiettée séchée
coupée en lanières de 1 cm x 4 cm	1 cuil. à café de miso
Pour la pâte	Sel
1 jaune d'œuf	150 ml d'eau chaude
450 ml d'eau glacée	**Pour la garniture**
1 pincée de bicarbonate de soude	2 oignons nouveaux émincés
1 cuil. à café de piment de Cayenne	1 feuille de nori émiettée
180 g de farine complète	

Commencez par la préparation de la sauce. Versez le mirin dans une petite casserole, portez à ébullition et laissez bouillir jusqu'à ce que le vin ait réduit de moitié. En remuant, ajoutez sauce soja, bonite, miso, une pincée de sel et l'eau chaude. Versez dans un bol de service. Pour la pâte : dans un grand récipient, mélangez le jaune d'œuf, l'eau froide, le bicarbonate de soude et le piment de Cayenne. Versez la farine en pluie et battez pendant 1 min ou jusqu'à obtention d'une pâte liquide et homogène, moins épaisse qu'une pâte à beignets occidentale.
Portez le bouillon dashi à ébullition. Ajoutez les nouilles et faites cuire pendant 3 min. Égouttez les nouilles et réservez le bouillon. Tenez les nouilles et le bouillon au chaud.
Dans un wok ou une sauteuse, faites chauffer l'huile à 180 °C. Assaisonnez la farine et enrobez-en les lanières de poulet d'une fine couche. Par petits lots, plongez rapidement les lanières de poulet dans la pâte et faites-les aussitôt frire jusqu'à ce qu'elles soient dorées. Égouttez. Mettez les nouilles dans les bols de service et versez un peu de bouillon. Sur les nouilles, disposez le poulet frit et garnissez avec les oignons nouveaux et le nori émietté.
Servez aussitôt, accompagné de la sauce.

NIDS DE NOUILLES AU POULET

On trouve dans les boutiques orientales des nouilles frites en emballage mais qui n'ont rien de comparable à celles que vous préparerez vous-même !

Pour 4 nids :
120 g de nouilles de riz plates
100 g de purée de pommes de terre en flocons
1 cuil. à café de graines de coriandre
1 cuil. à café de graines de cumin
4 clous de girofle
1 gousse d'anis étoilé entière
1 cuil. à café de poivre blanc en grains

Huile pour friture
1 cuil. à café de sel
450 g de poulet découpé en lanières de 1 cm x 4 cm
1 gousse d'ail écrasée
Morceau de 2,5 cm de racine de gingembre râpée
2 piments rouges séchés épépinés et coupés en tranches
4 oignons nouveaux, émincés
30 g de coriandre fraîche grossièrement hachée

Trempez brièvement les nouilles de riz dans l'eau froide. Égouttez et coupez-les en morceaux de 5 cm.
Sur un plan de travail ou un plateau, déposez 8 tas de 1 cuil. à café de purée en flocons et, en malaxant, mélangez des nouilles à chaque tas de purée. Au sommet de chaque tas, ajoutez une cuillerée de purée en flocons, et mélangez de nouveau avec des nouilles. À la main, façonnez des nids ronds, d'environ 7,5 cm de diamètre.
Dans un mortier ou un moulin à épices, écrasez graines de coriandre, graines de cumin, clous de girofle, anis étoilé et grains de poivre blanc.
Dans un wok ou une poêle à frire, versez 2,5 cm d'huile et faites chauffer. Quand l'huile est chaude, plongez-y un des nids et aplatissez-le avec précaution entre deux cuillères, de façon à préserver sa forme.
Faites frire le nid de chaque côté, jusqu'à ce qu'il soit doré. Retirez le nid de l'huile et égouttez-le sur plusieurs couches de papier absorbant. Procédez de la même façon pour tous les nids, salez et tenez au chaud.
Dans le wok, gardez 2 cuil. à soupe d'huile de friture et faites-y sauter poulet, ail, gingembre et piments jusqu'à ce que le poulet soit cuit. En remuant, ajoutez les épices moulues.
Ajoutez les oignons et faites sauter pendant encore 2 min.
Ajoutez la coriandre.
Sur chaque assiette, déposez un nid frit, sur lequel vous ajouterez du poulet. Recouvrez le tout d'un autre nid.

CAILLES À LA CHINOISE SUR CANAPÉ DE NOUILLES

Essayez de vous procurer des cailles partiellement désossées, qui sont beaucoup plus faciles à manger !

4 cuil. à soupe de miel clair
Graines de 4 anis étoilé, écrasées
1 cuil. à café de pâte de tamarin
2 cuil. à soupe de sauce soja
2 cuil. à soupe de xérès sec
2 cuil. à soupe de sauce de haricots de soja jaune
1 feuille de laurier
4 gousses d'ail non épluchées, légèrement écrasées avec le dos d'un couteau
8 mini carottes
4 cailles
2 cuil. à soupe d'huile de tournesol

4 oignons nouveaux, chacun coupé en trois morceaux
2 branches de céleri, coupées en allumettes
2 carottes coupées en allumettes
350 g de nouilles de blé chinoises plates
2 courgettes coupées en tranches fines dans le sens de la longueur avec un éplucheur
3 cuil. à soupe de feuilles de coriandre fraîches hachées
2 carambles coupées en tranches, pour la garniture

Mélangez miel, graines d'anis étoilé écrasées, tamarin, sauce soja, xérès, sauce de haricots de soja et feuille de laurier.
Mettez une gousse d'ail à l'intérieur de chaque caille. Faites chauffer l'huile dans un wok ou une sauteuse. Quand l'huile est chaude, ajoutez les cailles et faites-les rôtir à feu vif.
Ajoutez la préparation à base de miel et remuez pour en enduire les cailles. Couvrez le wok et faites cuire à feu vif pendant 5 min. Enlevez le couvercle et laissez cuire pendant encore 5 min en retournant fréquemment les cailles et en les arrosant pour les glacer.
Ajoutez oignons, céleri et carottes et laissez cuire pendant 5 min en remuant fréquemment.
Pendant ce temps, faites cuire les nouilles 4 min dans une grande quantité d'eau bouillante. Quand les nouilles sont cuites, ajoutez les tranches de courgette dans l'eau bouillante et égouttez aussitôt nouilles et courgettes.
Servez les cailles sur un lit de nouilles aux courgettes, autour duquel vous disposerez les légumes. Garnissez de coriandre et de tranches de carambole.

POULET GLACÉ AU CITRON

Un plat succulent pour les réceptions d'été.

3 citrons
3 tranches épaisses de racine
de gingembre
4 blancs de poulet
1 feuille de laurier
1 cuil. à soupe de poivre japonais
au sept-parfums
180 g de nouilles de riz plates
120 g de pousses de soja
2 cuil. à soupe d'huile de tournesol

2 cuil. à café de vinaigre de vin
blanc
2 cuil. à café de racine
de gingembre râpée
2 cuil. à café de sauce soja claire
1 cuil. à café de sucre en poudre
2 oignons nouveaux, finement
hachés
Sel et poivre noir du moulin
Glace, pour servir

Avec une broche, percez des trous sur toute la surface d'un citron. Mettez-le dans une grande casserole avec tranches de gingembre, blancs de poulet, feuille de laurier et recouvrez d'eau. Portez à ébullition et laissez cuire dans l'eau frémissante environ 15 min. Égouttez le poulet et laissez refroidir puis saupoudrez de poivre épicé. Râpez le zeste d'un citron sur le poulet. Faites cuire les nouilles. Égouttez, rincez, égouttez de nouveau. Mélangez les nouilles avec les pousses de soja. Extraire une cuil. à café de jus de citron et mettez-la dans un bol avec l'huile et le vinaigre. Ajoutez gingembre râpé, sauce soja, sucre et oignons. Battez jusqu'à obtention d'une sauce épaisse. Déposez une couche de glace dans un plat de service, sur laquelle vous disposerez les nouilles et les pousses de soja. Coupez chaque blanc de poulet en 6 tranches et disposez-les sur les nouilles.

BALLOTINS DE LAITUE À L'ÉTUVÉE

Si vous ne parvenez pas à confectionner de jolis ballotins, ne vous inquiétez pas : ils prendront forme dès que vous les ferez cuire dans la marmite à vapeur.

60 g de vermicelles de soja
180 g de poulet haché
1/2 cuil. à café de poivre blanc
4 cuil. à café de sauce soja claire
4 cuil. à café de racine de
gingembre râpée
2 laitues

100 g de châtaignes d'eau en
conserve finement hachées
60 g de tofu ferme,
coupé en petits dés
Pour servir
Assortiment de pickles
Sauce soja

Versez de l'eau bouillante sur les nouilles et laissez reposer pendant 3 à 5 min. Égouttez, rincez et égouttez de nouveau. Coupez les nouilles en morceaux de 2,5 cm. Dans un récipient, mettez poulet, poivre blanc, sauce soja, gingembre, châtaignes et tofu. Mélangez et ajoutez les nouilles en remuant. Triez et lavez les laitues. Enlevez les parties dures centrales et aplatissez délicatement les feuilles. Déposez une cuil. à soupe de préparation à base de poulet au centre de chaque feuille et enveloppez. Placez les ballotins au réfrigérateur jusqu'au moment où vous les ferez cuire.
Faites cuire les ballotins à la vapeur pendant 15 à 20 min. Servez chaud, accompagné de pickles et de sauce soja.

SATAY DE POULET AUX NOUILLES

Des brochettes de poulet mariné. Vous trouverez les bâtonnets en bois dans les boutiques asiatiques. Faites-les tremper 20 min avant de les utiliser.

700 g de chair de poulet désossée,
coupée en lanières de 7,5 cm
1 petit oignon émincé
2 gousses d'ail écrasées
1 cuil. à café de coriandre moulue
1 cuil. à café de cumin moulu
2 piments rouges frais, épépinés
et grossièrement hachés
Morceau de 2,5 cm de racine
de gingembre râpée
2 cuil. à soupe de sauce soja
2 cuil. à soupe d'huile de tournesol
1 cuil. à soupe de jus de citron
1 cuil. à café de cassonade
230 g de vermicelles aux œufs
2 oignons nouveaux émincés

2 cuil. à soupe de coriandre
fraîche hachée
2 cuil. à soupe de menthe
fraîche hachée
Pour la sauce aux cacahuètes
1 petit oignon coupé en quarts
2 gousses d'ail écrasées
1 cuil. à café de graines
de coriandre
1 cuil. à café de graines de cumin
1/2 piment rouge frais
1 cuil. à soupe de jus de citron
1 cuil. à café de sel
120 ml de lait de coco
230 g de beurre de cacahuète
250 ml d'eau

Enfilez les lanières de poulet sur les bâtonnets. Dans une assiette creuse, mélangez oignon, ail, coriandre et cumin moulus, piments, gingembre, sauce soja, huile, jus de citron et cassonade. Ajoutez les brochettes de poulet et réfrigérez pendant 2 h. Pendant ce temps, préparez la sauce aux cacahuètes. Passez au mixeur les quarts d'oignon, l'ail, les épices et le piment.
Ajoutez tous les ingrédients pour la sauce, à l'exception de l'eau, dans l'ordre mentionné ci-dessus et passez au mixeur. Versez le mélange dans une casserole, ajoutez l'eau et remuez. Faites chauffer jusqu'à ce que le mélange commence à frémir et laissez cuire à feu doux pour que la sauce épaississe. Versez dans un bol de service. Préchauffez le grill à thermostat moyen. Faites griller les brochettes de poulet pendant 10 min, en les retournant et en les arrosant fréquemment.
Pendant ce temps, versez de l'eau bouillante sur les nouilles et laissez reposer pendant 3 min. Égouttez et ajoutez en remuant la coriandre et la menthe hachées, ainsi que les oignons nouveaux.
Servez les brochettes sur un lit de nouilles, accompagnées de sauce aux cacahuètes.

Ci-contre *Ballotins de laitue à l'étuvée*

NOUILLES AU POULET ÉPICÉ

Un plat très parfumé, facile à préparer, idéal pour un souper de semaine. À servir avec une salade verte.

230 g de nouilles aux œufs
d'épaisseur moyenne
1 cuil. à soupe d'huile de tournesol
1 poivron rouge coupé en petits dés
6 oignons nouveaux émincés
1 cuil. à café de coriandre hachée
2 cuil. à café de piment en poudre
ou de sauce chili

1/2 cuil. à café de poivre noir
du moulin
350 g de chair de poulet
désossée coupée
en lanières de 5 cm
Sel
Jus de 2 citrons verts
120 g de pousses de soja

Faites cuire les nouilles dans une grande quantité d'eau bouillante pendant 5 min. Dans un wok ou une sauteuse, faites chauffer l'huile puis faites-y revenir le poivron rouge et les oignons nouveaux à feu vif pendant 1 min, tout en remuant. Ajoutez la coriandre moulue, le piment en poudre ou la sauce chili et le poivre noir. Ajoutez le poulet et faites sauter jusqu'à ce que le poulet soit cuit à point et enrobé du mélange d'épices. En remuant, ajoutez sel et jus de citron vert, pousses de soja et nouilles. Servez aussitôt.

RAMENS AU POULET

Si vous êtes un inconditionnel des nouilles, vous ne pourrez bientôt plus vous passer des nouilles ramen, déclinables selon mille et une recettes.

150 ml de mirin
150 ml de sauce soja
150 ml de bouillon de poulet
1 cuil. à café de sucre
en poudre
4 blancs de poulet
60 g de konbu

1 l de bouillon dashi
400 g de nouilles ramen
Pour servir
2 oignons nouveaux émincés
Sauce soja
Racine de gingembre râpée
Huile au piment

Versez le mirin dans une petite casserole, portez à ébullition et laissez bouillir jusqu'à ce que le vin ait réduit de moitié. Retirez du feu et ajoutez sauce soja, bouillon de poulet et sucre. Versez dans une assiette creuse et laissez mariner le poulet dans cette préparation pendant environ 1 h. Faites tremper le konbu dans l'eau chaude pendant 15 min. Égouttez-le et coupez-le en fines tranches. Portez à ébullition le bouillon dashi. Ajoutez les nouilles et faites cuire pendant 2 min. Égouttez et réservez le bouillon. Tenez les nouilles et le bouillon au chaud. Faites chauffer un wok ou une sauteuse. Déposez-y les blancs de poulet mariné et pressez-les avec une spatule. Faites cuire à feu très vif de chaque côté pendant 2,5 min. Disposez les nouilles dans les bols de service et ajoutez quelques morceaux de konbu trempé. Versez le bouillon chaud sur les nouilles. Coupez les blancs de poulet en tranches et déposez-les sur les nouilles. Servez aussitôt, accompagné d'oignons nouveaux, de la sauce soja, du gingembre et de l'huile au piment.

NOUILLES AU CURRY ROUGE

Vous trouverez dans le commerce de la pâte de curry rouge prête à l'emploi. Mais quand vous aurez goûté le curry maison, rien ne pourra plus le remplacer! Vous pourrez conserver la pâte pendant 3 semaines au réfrigérateur. Veillez toutefois à bien emballer les portions car l'odeur du curry est très forte et imprégnerait tous les aliments.

700 g de cuisses de poulet désossées
ou de blancs coupés en lanières
250 ml de lait de coco
1/4 de cuil. à café de sauce
soja claire
60 g de mini épis de maïs coupés
en deux dans le sens
de la longueur
120 g de haricots mange-tout
230 g de nouilles aux œufs
d'épaisseur moyenne
1 cuil. à soupe de coriandre
fraîche hachée
10 feuilles de basilic fraîches,
grossièrement hachées

Pour la pâte de curry rouge
6 piments rouges frais ou séchés,
coupés en deux, épépinés et blanchis
2 cuil. à café de graines de cumin
2 cuil. à café de coriandre
Morceau de 2,5 cm de galangal
haché
1/2 tige de citronnelle hachée
1 cuil. à café de sel
Zeste de 1 citron râpé
4 gousses d'ail hachées
3 échalotes hachées
2 feuilles de kaffir, auxquelles vous
aurez enlevé la nervure centrale,
grossièrement hachées
1 cuil. à café d'huile de tournesol

Pour la pâte de curry rouge, écrasez tous les ingrédients dans un mixeur. Faites chauffer à feu vif un wok ou une poêle à frire à bords épais et faites-y revenir 3 cuil. à soupe de la pâte de curry rouge jusqu'à ce que l'odeur commence à se dégager. Ajoutez les lanières de poulet et faites sauter à feu vif pour les saisir. Ajoutez lait de coco, sauce soja, maïs et haricots mange-tout. Portez à ébullition et laissez cuire à feu doux pendant 10 min, jusqu'à ce que les légumes soient cuits mais encore craquants.
Pendant ce temps, faites cuire les nouilles 5 min dans une grande quantité d'eau bouillante. Égouttez et tenez au chaud.
En remuant, mélangez la coriandre et le basilic au curry. Répartissez les nouilles dans les bols de service et nappez-les de curry chaud.

POISSONS ET FRUITS DE MER

Les fruits de mer sont une nourriture très consommée et très appréciée en Extrême-Orient et en Asie du Sud-Est. Poissons et crustacés, et surtout crevettes et calmars, sont souvent accompagnés de nouilles. Le temps de cuisson de ces aliments est généralement très court : les fruits de mer frais conservent ainsi tout leur arôme. Toutes les recettes sont pour 4 à 6 personnes.

MEE GORENG OU NOUILLES SAUTÉES INDONÉSIENNES

Le Mee Goreng et le Nasi Goreng (même plat, préparé à base de riz) sont des plats très populaires en Indonésie, en Malaisie et à Singapour.

230 g de vermicelles aux œufs
1 œuf
3 cuil. à soupe d'eau
2 cuil. à soupe d'huile de tournesol
4 échalotes émincées
2 gousses d'ail écrasées
1 poivron vert finement haché
1 poivron rouge finement haché
1 cuil. à café de coriandre moulue
1 cuil. à café de cumin moulu
1 cuil. à café de racine de
gingembre râpée
3 piments rouges frais émincés
1 cuil. à café de pâte de crevettes
120 g de blancs de poulet coupés
en dés
120 g de viande de porc désossée et
coupée en dés

180 g de grosses crevettes roses crues
ou cuites, décortiquées
1 cuil. à soupe de sauce soja
indonésienne (kecap manis)
Sel
Feuilles de coriandre fraîches,
pour décorer
Pour la garniture
80 g de concombre coupé
en fines tranches
Vinaigre de riz
Sucre
3 cuil. à soupe de cacahuètes
grillées hachées
2 oignons nouveaux coupés
en fines tranches
3 tomates coupées en tranches fines
Chips aux crevettes

Faites cuire les nouilles 3 min dans une grande quantité d'eau bouillante. Égouttez, rincez et égouttez de nouveau. Battez légèrement l'œuf et l'eau. Versez quelques gouttes d'huile dans un wok. Quand l'huile est chaude, faites cuire en omelette très fine le mélange d'œuf et d'eau. Roulez l'omelette et laissez-la refroidir, puis coupez-la en fines lanières.
Pour la garniture, faites macérer le concombre 5 min dans le vinaigre de riz et le sucre (en proportions égales) puis égouttez. Disposez le concombre dans un plat de service. Disposez le restant des ingrédients pour la garniture dans des plats de service individuels. Faites chauffer le restant d'huile dans le wok. Ajoutez les échalotes, l'ail et faites revenir à feu vif, tout en tournant, pendant 2 ou 3 min. Ajoutez les poivrons rouge et vert et faites-les revenir, tout en tournant, pendant 1 min. Puis ajoutez coriandre et cumin moulus, gingembre, piments, pâte de crevettes et remuez. Ajoutez le poulet et le porc. Si vous utilisez des crevettes crues, ajoutez-les. Si vous utilisez des crevettes cuites, ajoutez-les en fin de cuisson, avec les nouilles. Faites sauter jusqu'à ce que le poulet, le porc et les crevettes soient cuits. Incorporez les nouilles en mélangeant avec deux cuillères. Ajoutez la sauce soja et le sel à votre goût. Parsemez de feuilles de coriandre et de morceaux d'omelette.

CURRY AU SAUMON ET À LA NOIX DE COCO

Un curry riche et doux, pour une occasion spéciale. Délicieux avec des crevettes ou du poisson à chair ferme, comme la lotte.

1 cuil. à soupe d'huile de tournesol
1 oignon haché
1 gousse d'ail haché
1 piment vert frais, épépiné et
haché
Morceau de 2,5 cm de racine de
gingembre hachée
1 cuil. à café de curcuma
1 cuil. à café de paprika
1 pincée de cumin moulu

600 g de saumon coupé en dés
120 ml de lait de coco
200 g de tomates en conserve,
coupées en morceaux
Jus de 1 citron
Sel et poivre noir du moulin
fraîchement moulu
230 g de vermicelles de riz
2 cuil. à soupe de coriandre fraîche
hachée

Faites chauffer l'huile dans un wok ou une sauteuse. Ajoutez oignon, ail, piment et gingembre. En remuant, incorporez curcuma, paprika et cumin. Faites cuire à feu doux pendant 2 min.
Augmentez la température de cuisson et ajoutez le saumon. Remuez doucement, jusqu'à ce qu'il soit recouvert d'épices et saisi de tous les côtés. Ajoutez le lait de coco et les tomates et assaisonnez de jus de citron, de sel et de poivre. Réduisez la température de cuisson et laissez cuire à feu doux.
Pendant ce temps, faites cuire les nouilles 3 min dans une grande quantité d'eau bouillante puis égouttez.
Nappez les nouilles de curry et servez aussitôt, avec une garniture de coriandre hachée.

NOUILLES CANTONAISES AUX HUÎTRES

La Chine du Sud offre une très grande variété de plats aux fruits de mer. Cette recette n'est qu'un exemple de ces nombreux plats, préparés de façon très simple, et servis avec des nouilles.

150 g de vermicelles aux œufs	*24 huîtres fraîches (sorties*
2 cuil. à soupe d'huile de tournesol	*de leur coquille)*
4 oignons nouveaux émincés	*3 cuil. à soupe de xérès sec*
2 gousses d'ail écrasées	*1 cuil. à soupe de sauce soja claire*

Recouvrez les nouilles d'eau bouillante et laissez reposer 3 min. Égouttez, rincez et égouttez de nouveau. Tenez les nouilles au chaud. Dans un wok ou une sauteuse, faites chauffer l'huile puis faites revenir les oignons et l'ail à feu moyen, tout en remuant, pendant 1 min. Veillez à ce que l'ail ne brunisse pas trop. Ajoutez les huîtres et le xérès. Faites sauter à feu vif pendant 1 min. En remuant, ajoutez la sauce soja. Avec une cuillère, disposez les huîtres sur les nouilles et servez.

COUPELLES DE NOUILLES À L'ESPADON ET AU CONCOMBRE

L'espadon est un délicieux poisson à chair ferme. Plus les steaks d'espadon seront larges, meilleure sera leur saveur. Vous pourrez également servir la sauce au concombre avec du bœuf, du porc, de la truite ou des fruits de mer.

2 cuil. à soupe de mirin ou de xérès sec	*1 cuil. à soupe de sel*
1 cuil. à soupe de poivre noir en grains, écrasés	*2 cuil. à soupe de câpres hachées*
1 cuil. à soupe d'huile de tournesol	*2 cuil. à soupe de ciboulette hachée*
4 steaks d'espadon d'environ 180 g chacun	*1 cuil. à café de vinaigre de vin*
	3 cuil. à soupe de mayonnaise
	1 cuil. à soupe de crème épaisse
1/2 concombre coupé en dés	*120 g de vermicelles de riz*

Mélangez le mirin, les grains de poivre écrasés et l'huile. Mettez l'espadon dans un plat non métallique et recouvrez-le de ce mélange. Badigeonnez uniformément les deux côtés des steaks d'espadon de marinade. Couvrez et réfrigérez pendant 8 heures.
Dans un récipient, mélangez les dés de concombre et le sel. Laissez reposer pendant 20 min. Égouttez et rincez dans une passoire. Mettez le concombre dans un récipient et ajoutez câpres, ciboulette et vinaigre de vin. Incorporez la mayonnaise et la crème épaisse préalablement mélangées et remuez.
Préchauffez le four à 220 °C/thermostat 7. Enveloppez chaque steak d'espadon dans une feuille d'aluminium et faites cuire pendant 10 min. Pendant ce temps, recouvrez les nouilles d'eau bouillante et laissez reposer pendant 3 à 5 min. Égouttez et tenez les nouilles au chaud. Dans les assiettes, disposez les nouilles en monticules compacts. Avec le manche d'une cuillère en bois, creusez un trou profond dans les monticules, dans lequel vous verserez la sauce au concombre. Disposez les steaks d'espadon à côté des monticules et servez.

CREVETTES À L'AIL ET AU PIMENT

Préparation savoureuse, généralement très appréciée, à base de crevettes fraîches, d'ail et de piment, servies sur un lit de nouilles de riz.

230 g de nouilles de riz plates	*Poivre noir du moulin*
60 g de beurre	*300 g de grosses crevettes roses crues*
2 gousses d'ail écrasées	*décortiquées*
2 piments rouges frais	*4 cuil. à soupe de coriandre fraîche*
1 pincée de sel	*hachée*

Recouvrez les nouilles d'eau bouillante et laissez reposer pendant 5 min. Égouttez bien et tenez les nouilles au chaud.
Faites fondre le beurre dans un wok ou une sauteuse. Quand le beurre commence à fumer, ajoutez l'ail et les piments. Assaisonnez et ajoutez les crevettes. Faites sauter à feu vif pendant 2 min. Servez les crevettes sur un lit de nouilles, parsemées de coriandre.

BEIGNETS DE CREVETTES TEMPURA SOBA

Les beignets Tempura sont très différents des beignets occidentaux. La pâte est très légère et très peu peu mélangée. Vous devrez l'utiliser aussitôt après l'avoir préparée.

12 à 18 grosses crevettes roses crues décortiquées	*3 cuil. à soupe de sauce soja*
1 l de bouillon dashi	*200 ml de bouillon de poulet*
500 g de nouilles soba	*3 cuil. à soupe de bonite émiettée séchée*
1 cuil. à soupe de nori finement haché	*1 cuil. à café environ de pâte de wasabi*
1 cuil. à soupe de racine de gingembre finement râpée	*Pour la pâte*
	1 jaune d'œuf
3 oignons nouveaux hachés	*450 ml d'eau glacée*
Pour la sauce	*1 pincée de bicarbonate de soude*
3 cuil. à soupe de mirin ou de xérès sec	*180 g de farine complète*

Commencez par préparer la sauce. Versez le mirin dans une petite casserole, portez à ébullition et laissez bouillir jusqu'à ce que le vin ait réduit de moitié. Ajoutez sauce soja, bouillon de poulet, bonite émiettée et faites chauffer jusqu'à ce que le mélange commence à frémir. Retirez aussitôt le mélange du feu et filtrez. Ajoutez la pâte de wasabi et le sel. Versez dans un bol de service.
Dans un wok ou une friteuse, faites chauffer l'huile à 180 °C. Pour la pâte, mélangez le jaune d'œuf et l'eau dans un récipient et battez énergiquement avec une fourchette. Versez en pluie le bicarbonate de soude et la farine puis battez vigoureusement avec une fourchette. Plongez les crevettes dans la pâte et faites-les frire aussitôt dans l'huile chaude jusqu'à ce que les beignets soient gonflés et dorés. Égouttez. Faites chauffer le bouillon dashi. Pendant ce temps, faites cuire les nouilles 4 min dans l'eau bouillante puis égouttez-les.
Servez les nouilles dans des bols préalablement réchauffés et nappez de bouillon chaud. Parsemez de nori émietté, de gingembre et d'oignon. Ajoutez 3 crevettes dans chaque bol. Servez aussitôt, accompagné de la sauce, dans laquelle vous tremperez les beignets avant de les déguster.

Ci-contre *Crevettes à l'ail et au piment*

NOUILLES AU SAFRAN ET AU RED SNAPPER

Une des nombreuses recettes de poisson australiennes, toutes plus savoureuses les unes que les autres!

2 cuil. à soupe d'huile d'olive vierge extra
3 tomates coupées en morceaux
100 g d'olives noires dénoyautées, grossièrement hachées
1 cuil. à soupe de câpres hachées
Sel et poivre noir du moulin
2 cuil. à café de safran en brins

4 à 6 filets de snapper (ou de rascasse sébaste), d'environ 180 g chacun
1 cuil. à soupe d'eau bouillante
230 g de nouilles mie
1 cuil. à soupe de persil à feuilles plates frais haché
1 cuil. à soupe de jus de citron

Préchauffez le four à 180 °C thermostat 4. Faites chauffer à feu doux l'huile d'olive dans une casserole. En remuant, ajoutez tomates, olives et câpres. Assaisonnez de sel et de poivre noir. Retirez du feu. Disposez les filets de poisson sur une lèchefrite. Nappez-les de la sauce tomate que vous venez de préparer, en faisant bien pénétrer la sauce dans la chair du poisson. Faites cuire le poisson au four 10 min environ. Pendant ce temps, écrasez les brins de safran et faites-les infuser dans l'eau bouillante.
Recouvrez les nouilles d'eau bouillante et laissez reposer. Égouttez bien les nouilles en essayant de ne pas déformer les nids. Mélangez-les délicatement avec l'infusion de safran, jusqu'à ce qu'elles soient colorées. Assaisonnez de poivre noir.
Répartissez les nouilles au safran dans les assiettes et placez un filet de poisson sur chaque lit de nouilles. En remuant, mélangez le persil et le jus de citron avec la sauce restant sur la lèchefrite. Goûtez, ajustez l'assaisonnement et nappez les filets de poisson de sauce.

RAMENS AUX FRUITS DE MER

Un délicieux ragoût de nouilles japonaises, très nourrissant, aux arômes subtils et intenses. Le nori est une algue d'une exceptionnelle saveur aigre-douce, qui se vend sèche, en feuilles très fines.

1,5 l de bouillon de poisson
8 à 12 grosses crevettes roses crues décortiquées
4 à 6 noix de Saint-Jacques
12 à 18 petits calmars nettoyés, coupés en morceaux
400 g de nouilles ramen
2 cuil. à soupe de sauce soja

4 à 6 tranches fines de pâte de poisson japonaise (kamaboko ou naruto)
1 feuille de nori émietté
Pour servir
2 oignons hachés fins
Racine de gingembre râpée
Sauce soja

Amenez le bouillon de poisson à ébullition et faites cuire à la vapeur, au-dessus de ce bouillon, crevettes, noix de Saint-Jacques et calmars pendant 4 min. Pendant ce temps, faites cuire 2 min les nouilles dans une grande quantité d'eau bouillante. Égouttez et répartissez les nouilles dans les bols de service.
Aromatisez à votre goût le bouillon de poisson avec la sauce soja et versez-le sur les nouilles, sur lesquelles vous disposerez crevettes, noix de Saint-Jacques, calmars et pâte de poisson japonaise. Parsemez de nori émietté. Servez aussitôt, accompagné des oignons nouveaux, du gingembre râpé et de la sauce soja.

NOUILLES SINGAPOURIENNES

Les nouilles sont préparées dans les rues de Singapour selon mille et une recettes, en fonction des ingrédients disponibles chez le marchand ambulant.

230 g de vermicelles de riz
2 cuil. à soupe d'huile de tournesol
2 échalotes émincées
2 gousses d'ail écrasées
2 cuil. à soupe de racine de gingembre râpée
1/2 poivron rouge coupé en morceaux
1/2 poivron vert coupé en morceaux
1 cuil. à café de piment en poudre

1 cuil. à soupe de coriandre moulue
120 g de viande de porc, désossée, coupée en dés
180 g de chair de poulet, désossée, coupée en dés
180 g de crevettes roses crues ou cuites décortiquées, coupées en dés
60 g de petits pois décongelés
1 cuil. à soupe d'arôme
Jus de 1 citron
3 cuil. à soupe de coriandre fraîche hachée

Recouvrez les nouilles d'eau bouillante. Laissez reposer pendant 4 min. Égouttez. Dans un wok, faites chauffer l'huile puis faites sauter à feu vif échalotes, ail, gingembre, poivron rouge, poivron vert et piment en poudre, pendant 2 min.
En remuant, ajoutez coriandre moulue, porc, poulet et crevettes crues. Si vous utilisez des crevettes cuites, ajoutez-les en fin de cuisson, avec les nouilles. Faites revenir à feu vif, tout en remuant, pendant 4 min. Ajoutez les nouilles et les petits pois.
Avec deux cuillères, mélangez et soulevez les nouilles jusqu'à ce qu'elles soient chaudes et enrobées. Ajoutez l'arôme et le jus de citron. Servez chaud, avec une garniture de coriandre hachée.

NOIX DE SAINT-JACQUES AU SAFRAN SUR LIT DE NOUILLES

Un plat très appétissant, à base de noix de Saint-Jacques, de tomates et de ciboulette, dans une sauce jaune au safran. Préparez-le de préférence avec des noix de Saint-Jacques fraîches.

1 cuil. à café de safran en brins, légèrement écrasés
2 cuil. à soupe d'eau chaude
230 g de nouilles aux œufs, d'épaisseur moyenne
60 g de beurre
1 oignon nouveau, émincé

16 grosses noix de Saint-Jacques, avec les coraux
3 tomates pelées, épépinées et coupées en morceaux
3 cuil. à soupe de ciboulette fraîche hachée
1 pincée de sel

Mélangez le safran et l'eau chaude puis laissez infuser.
Faites cuire les nouilles 5 min dans une grande quantité d'eau bouillante. Égouttez bien et tenez les nouilles au chaud.
Dans une casserole, faites fondre le beurre. En remuant, ajoutez l'infusion de safran. Quand le beurre commence à tiédir, ajoutez noix de Saint-Jacques, oignons nouveaux, tomates et ciboulette. Couvrez et laissez cuire à feu moyen pendant 7 min. Ajoutez une petite pincée de sel. Déposez les noix de Saint-Jacques et la sauce sur les nouilles et servez.

NOUILLES AUX CRUSTACÉS

Un plat très coloré, composé de moules, de coques dans leurs coquilles et de crevettes roses non décortiquées. Prévoyez un bol d'eau pour que vos convives puissent se rincer les mains!

1,5 kg d'assortiment de crustacés : moules et coques vivantes, grosses crevettes roses crues non décortiquées, coquilles Saint-Jacques
2 cuil. à soupe d'huile de tournesol
2 oignons nouveaux, finement hachés
1 cuil. à soupe de racine de gingembre, finement hachée
1 ou 2 piments rouges frais,

finement hachés
1 gousse d'ail écrasée
1 cuil. à café de curcuma
4 tomates pelées, épépinées et coupées en morceaux
230 g de vermicelles de riz
4 cuil. à soupe d'assortiment d'herbes hachées : ciboulette, persil, cerfeuil
Sel et poivre noir du moulin

Préparez les crustacés : nettoyez les coquilles des moules et des coques, enlevez les bernacles et lavez-les ; rincez les crevettes et les coquilles Saint-Jacques puis séchez-les.
Dans un wok ou une sauteuse, faites chauffer l'huile puis faites sauter à feu vif 2 min oignons nouveaux, gingembre, piments, ail, curcuma et tomates. Réduisez la température, ajoutez les crustacés, couvrez le wok et faites cuire pendant 5 min en remuant.
Pendant ce temps, recouvrez les nouilles d'eau bouillante et laissez reposer pendant 4 min. Égouttez bien et mélangez les herbes avec les nouilles. Jetez tous les crustacés non ouverts. Servez aussitôt, sur un lit de nouilles.

SALADE DE HOMARD GLACÉE

Une recette sophistiquée, en provenance du Pacifique, idéale pour les repas d'été. Vous pouvez n'utiliser que 450 g de homard.

120 g de vermicelles de riz
900 g de homard cuit
Tranches de gingembre en saumure, finement hachées
Poivre aux sept-parfums japonais ou poivre au citron

2 cuil. à soupe de cerfeuil frais, haché
2 cuil. à soupe de basilic rouge frais, haché

Avant de les sortir de l'emballage, cassez les vermicelles en petits morceaux. Recouvrez-les d'eau bouillante et laissez reposer 3 min. Égouttez, rincez et égouttez de nouveau.
Cassez les pattes du homard au ras du corps, coupez-les en deux au niveau de l'articulation et enlevez la chair à l'aide d'une broche.
Cassez les pinces au ras du corps puis, avec un maillet, brisez la carapace. Retirez la chair de chaque pince, en essayant de ne pas la casser. Enlevez le cartilage qui est dans la chair des pinces.
Coupez la tête du homard et posez-le sur le dos. Avec un grand couteau, pratiquez une entaille au centre du ventre. Écartez la carapace et retirez la chair, en une seule pièce. Coupez la chair en 8 parts égales.
Dans un plat de service, déposez une couche de glace, sur laquelle vous disposerez les nouilles. Parsemez de gingembre. Sur les nouilles, disposez les parts de homard ainsi que la chair des pattes et des pinces. Parsemez de poivre japonais, de cerfeuil et de basilic rouge. Servez aussitôt.

Ci-dessus *Nouilles au safran et au Red Snapper (p. 42)*

SAUMON TERIYAKI

Vous trouverez dans le commerce de la marinade et de la sauce teriyaki prêtes à l'emploi mais nettement moins savoureuses que les préparations maison.

80 ml de mirin ou de xérès sec
80 ml de sauce soja claire
80 ml de bouillon de poulet
4 filets de saumon, d'environ
180 g chacun
2 cuil. à soupe d'huile de sésame

230 g de nouilles aux œufs
d'épaisseur moyenne
2 cuil. à soupe de ciboulette fraîche
finement hachée
3 oignons nouveaux
finement hachés

Préparez d'abord la sauce teriyaki. Versez le mirin ou le xérès sec dans une casserole, portez à ébullition et laissez cuire à feu doux 2 min. Ajoutez la sauce soja et le bouillon. Retirez du feu.
Préchauffez le grill jusqu'à ce qu'il soit très chaud. Recouvrez un plateau de papier aluminium. Disposez les filets de saumon sur le plateau et badigeonnez-les de sauce teriyaki. Faites griller chaque côté pendant 5 ou 6 min, en arrosant fréquemment de sauce.
Pendant ce temps, faites cuire les nouilles 5 min dans une grande quantité d'eau bouillante. Égouttez et en remuant, ajoutez huile de sésame, ciboulette et oignons.
Servez le saumon sur un lit de nouilles fumantes, accompagné du restant de sauce teriyaki.

NOUILLES ÉPICÉES AUX CREVETTES

Les minuscules crevettes brunes, fraîches, conviennent parfaitement à ce type de plat. Vous pouvez également le préparer avec des crevettes grises en conserve ou des crevettes roses cuites, décortiquées.

60 g de vermicelles de soja
1 cuil. à soupe d'huile de tournesol
2 échalotes finement hachées
2 cuil. à café de coriandre moulue
1/2 cuil. à café de cumin moulu
1/2 cuil. à café de poivre noir

1 cuil. à café de curcuma
1 pincée de sel
1 cuil. à café de piment en poudre
1 gousse d'ail écrasée
1 cuil. à soupe de jus de citron
230 g de petites crevettes brunes

Recouvrez les nouilles d'eau bouillante et laissez reposer pendant 3 min. Égouttez bien et tenez les nouilles au chaud.
Dans un wok ou une grande poêle à frire, faites chauffer l'huile, ajoutez les échalotes et faites cuire à feu moyen pendant 10 min, en veillant à ce que les échalotes ne brunissent pas. Ajoutez coriandre, cumin, poivre, curcuma, sel, piment en poudre et en dernier, ail. Versez le jus de citron et, en remuant, ajoutez les crevettes.
Dès que la préparation est chaude, mélangez-la avec les nouilles.

CURRY DOUX MALAYSIEN

Ce curry a pour nom, en Malaisie, « Laksa Lemak » et se prépare, selon la tradition, uniquement avec du poisson. On peut toutefois y ajouter du poulet. Ce curry est d'une consistance liquide : une fois que vous aurez mangé les nouilles et le poulet, vous boirez la « soupe-sauce » de coco directement dans le bol.

1 poulet d'environ 1 kg
2 cuil. à soupe d'huile de tournesol
4 échalotes émincées
2 gousses d'ail écrasées
2 piments rouges frais, très
finement hachés
1 piment vert frais, épépiné
et haché
Morceau de 2,5 cm de racine
de gingembre râpée
2 cuil. à café de coriandre moulue
1 tige de citronnelle
finement hachée
2 cuil. à café de curcuma
120 g de pousses de soja

350 g de grosses crevettes roses ou de
crevettes royales, non décortiquées
120 g de nouilles de riz plates
400 ml de lait de coco
2 cuil. à soupe de coriandre fraîche
finement hachée, pour la garniture
Quartiers de citron vert,
pour servir
Pour le bouillon
2 feuilles de laurier
1 tige de citronnelle écrasée
3 feuilles de kaffir
6 grains de poivre noir
1 oignon coupé en deux

Mettez le poulet dans une casserole et recouvrez-le d'eau, puis ajoutez tous les ingrédients du bouillon. Portez à ébullition et laissez cuire à feu doux pendant environ 1 h. Laissez refroidir le poulet dans le bouillon.
Quand le poulet a refroidi, retirez-le de la casserole et détachez toute la viande de la carcasse. Remettez la peau, les os et la carcasse dans le bouillon. Portez à ébullition et laissez bouillir jusqu'à ce que le bouillon ait réduit à 1 l, puis filtrez et réservez le bouillon.
Faites chauffer l'huile dans un wok ou une grande poêle à frire. Ajoutez échalotes, ail, piments rouges et vert, gingembre, coriandre moulue, citronnelle et curcuma. Faites sauter pendant 1 ou 2 min.
Ajoutez le bouillon de poulet filtré, ainsi que les crevettes et amenez à ébullition.
Pendant ce temps, coupez la viande de poulet en lanières de 2,5 cm et répartissez-les, ainsi que les pousses de soja, dans les bols de services. Tenez au chaud.
Dans le wok, ajoutez les nouilles et le lait de coco et faites cuire à feu doux pendant 2 min. Nappez le poulet et les pousses de soja de soupe aux nouilles. Garnissez avec la coriandre hachée et servez, accompagné de quartiers de citron vert.

NOUILLES JAPONAISES AU THON

Le thon frais donnera à votre plat une saveur bien meilleure que le thon congelé. Pour ne pas casser le thon pendant la cuisson, cuisinez-le aussitôt après l'avoir sorti du réfrigérateur. Servi dans des paniers de bambou vapeur, ce plat sera très appétissant.

230 g de nouilles soba fines
2 cuil. à café d'huile de sésame
1 cuil. à soupe de mirin
350 g de thon, en une seule pièce de 2 cm d'épaisseur
Poivre noir du moulin fraîchement moulu

2 oignons nouveaux finement hachés
Pour servir
Morceaux de gingembre en saumure
Sauce soja

Faites cuire les nouilles 4 min dans une grande quantité d'eau bouillante. Égouttez-les et mélangez-les avec 1 cuil. à soupe d'huile de sésame. Tenez-les au chaud pendant que vous faites cuire le thon.
À feu vif, faites chauffer une poêle à frire à bords épais. La poêle sera assez chaude quand vous ne pourrez pas laisser votre main au-dessus pendant plus de 5 secondes.
Dans un petit bol, mélangez le mirin et le restant d'huile de sésame et badigeonnez-en les deux côtés du thon.
Placez le thon dans la poêle chaude et pressez-le avec une spatule. Faites cuire pendant 1 min. Retournez le thon et faites cuire pendant 1 min. Le thon doit être rose au milieu et bien cuit à la surface. Retirez le thon de la poêle, couvrez et laissez reposer 1 min.
Saupoudrez le thon de poivre noir moulu et déposez-le sur une planche à découper. Tenez le thon d'une main pour maintenir sa forme et, avec un couteau bien aiguisé, coupez-le en fines tranches.
Déposez les nouilles sur un plat de service, puis disposez les tranches de thon par-dessus. Parsemez le thon d'oignon nouveau haché. Servez, accompagné des morceaux de gingembre en saumure et de sauce soja.

CALMARS AU PIMENT ET À L'AIL

Afin que les calmars conservent une texture ferme et une saveur fraîche, veillez à ne pas trop les faire cuire.

20 petits calmars, auxquels vous aurez enlevé les tentacules
120 g de vermicelles de riz
1 cuil. à soupe d'huile de tournesol
1 cuil. à café d'huile de sésame
2 cuil. à soupe de racine de gingembre râpée
1 piment vert frais haché
2 ou 3 gousses d'ail écrasées
1 cuil. à soupe de sauce soja

1 cuil. à soupe de mirin
2 cuil. à soupe de sauce de haricots de soja noire
1 pincée de sucre
2 cuil. à soupe de coriandre fraîche hachée
Sel et poivre noir du moulin fraîchement haché
Quartiers de citron, pour servir

Coupez l'extrémité pointue et entaillez chaque calmar sur un des côtés. Puis aplatissez-les, pour obtenir des carrés.
Avec un couteau bien aiguisé, tracez des lignes entrecroisées à l'intérieur de chaque calmar. Recouvrez les nouilles d'eau bouillante et laissez reposer pendant 3 à 5 minutes. Égouttez.
Dans un wok ou une sauteuse, faites cuire à feu moyen huile de tournesol, huile de sésame, gingembre, piment et ail, jusqu'à ce que le mélange commence à dégager son odeur.
Ajoutez les calmars et faites sauter pendant environ 5 min.
Retirez les calmars et tenez-les au chaud.
Ajoutez sauce soja, mirin, sauce de haricots de soja et sucre dans le wok puis faites bouillir pendant 2 min.
Ajoutez la coriandre. Déposez les calmars et la sauce sur les nouilles, garnissez de quartiers de citron. Servez fumant.

Ci-dessus *Saumon Teriyaki*

NOUILLES À LA VIANDE

*Dans la plupart des pays d'Asie, on n'utilise la viande qu'en très petites quantités, généralement dans des recettes à base de nouilles.
En y ajoutant des légumes tels que poivrons ou pousses de soja, vous préparerez, en un rien de temps, des plats nourrissants et excellents.
Toutes les recettes sont pour 4 à 6 personnes.*

MARMITE MONGOLIENNE

Un plat que l'on fait cuire sur la table, comme les fondues.
Le récipient de cuisson traditionnel, parfois appelé « marmite pékinoise », est un plat en métal, rond, avec une cheminée au centre, dans laquelle on introduit du charbon de bois. Aujourd'hui, ce plat est plus couramment préparé dans un wok ou une marmite à fondue.

400 g de nouilles de blé chinoises
200 g de feuilles chinoises, coupées en morceaux
450 g de viande d'agneau désossée, coupée en fines tranches
2,5 l de bouillon d'agneau ou de bœuf
4 oignons nouveaux coupés en morceaux de 1,5 cm
4 tranches de racine de gingembre
1 cuil. à soupe de sauce soja
1 feuille de laurier
Pour la sauce n° 1
120 ml de sauce soja
1 oignon nouveau finement haché

1 gousse d'ail écrasée
1 cuil. à soupe d'huile de tournesol
Pour la sauce n° 2
6 cuil. à soupe de vinaigre de vin
Morceau de 2,5 cm de racine de gingembre, finement haché
1 cuil. à café de gingembre en saumure, coupé en morceaux
Pour la sauce n° 3
6 cuil. à soupe de beurre de cacahuètes
2 cuil. à soupe d'huile de sésame
2 cuil. à soupe d'eau
1 cuil. à soupe de sauce soja
1 cuil. à soupe de sauce chili

Pour chaque sauce, mélangez tous les ingrédients puis versez les différentes sauces dans les bols de service. Faites cuire les nouilles 2 min dans une grande quantité d'eau bouillante, pour les blanchir. Égouttez-les et disposez-les sur un plat de service, avec les feuilles chinoises. Sur un autre plat, disposez les tranches d'agneau.
Faites cuire à feu doux une grande partie du bouillon et versez-le dans la marmite pékinoise. Ajoutez oignons nouveaux, gingembre, sauce soja et feuille de laurier, puis faites cuire à feu doux.
Avec des baguettes ou une fourchette à fondue, chaque convive fera cuire des morceaux d'agneau dans le bouillon frémissant pendant environ 30 secondes, puis les trempera dans une des sauces.
Une fois que le bouillon aura été parfumé par la viande d'agneau, chacun y fera cuire les nouilles et les feuilles chinoises.
Vous pouvez également ajouter toutes les nouilles et les feuilles chinoises, ainsi que le restant du bouillon et faire cuire le tout en une seule fois : vous obtiendrez ainsi une délicieuse soupe, très parfumée.

NOUILLES AU BŒUF ROUGES

Si vous n'êtes pas un expert de la cuisine asiatique, vous gagnerez du temps en utilisant un moulin à épices plutôt que le mortier et le pilon traditionnels.

4 poivrons rouges, coupés en deux, épépinés, auxquels vous aurez enlevé la partie centrale
600 g de nouilles udon fraîches
1 cuil. à soupe d'huile de tournesol
2 cuil. à café de grains de moutarde jaune
450 g de steak d'aloyau, coupé en lanières de 1 cm de largeur
Feuilles de basilic rouge fraîches, pour la garniture

Pour la pâte d'épices
1 cuil. à soupe de graines de coriandre
2 gousses d'ail écrasées
Morceau de 5 cm de racine de gingembre, grossièrement hachée
1 cuil. à soupe de sucre en poudre
1 cuil. à soupe de sauce soja
2 cuil. à café d'huile de sésame
2 cuil. à soupe de purée de tomates
2 cuil. à café de vinaigre de riz
1 cuil. à café de piment de Cayenne
2 cuil. à soupe de graines de sésame

Commencez par préparer la pâte d'épices. Écrasez graines de coriandre, ail et gingembre dans un mortier. Ajoutez sucre, sauce soja, huile de sésame, purée de tomates, vinaigre de riz, piment de Cayenne et graines de sésame, puis laissez infuser.
Préchauffez le four à 180 °C/thermostat 4. Faites rôtir les poivrons pendant 30 min ou jusqu'à ce que la peau soit boursouflée (vous pouvez aussi faire griller les poivrons sur un grill placé à hauteur moyenne pendant 15 min). Mettez les poivrons dans un sac en plastique et laissez-les refroidir. Pelez les poivrons et hachez-les finement.
Faites cuire les nouilles 2 min dans une grande quantité d'eau bouillante puis égouttez-les.
Dans un wok ou une sauteuse, faites chauffer l'huile à feu moyen.
Ajoutez les graines de moutarde et couvrez aussitôt.
Les graines sauteront dans l'huile chaude.
Quand celles-ci auront fini d'éclater, enlevez le couvercle.
Ajoutez la pâte d'épices et faites revenir, tout en remuant. Augmentez la température, ajoutez le poivron rouge haché et faites sauter pendant 1 min, puis ajoutez les lanières de bœuf. Faites sauter à feu vif pendant 2 min. Nappez les nouilles de cette préparation, garnissez de feuilles de basilic rouge et servez aussitôt.

NOUILLES AU PORC SUCRÉES

Une recette thaïlandaise, originale et nourrissante.

450 g d'échine de porc désossée
185 ml de sauce de poisson
60 g de cassonade
150 g de vermicelles de riz
1 cuil. à soupe d'huile de tournesol
3 oignons nouveaux émincés
2 feuilles de kaffir hachées

1 piment vert frais, épépiné et
coupé en tranches
1/2 tige de citronnelle,
finement hachée
2 cuil. à soupe de sauce soja
Feuilles de basilic rouge fraîches,
pour la garniture

Enlevez la couenne du porc. Mettez la couenne et la viande
de porc dans une casserole et recouvrez d'eau froide.
Ajoutez 120 ml de sauce de poisson, la cassonade
et portez à ébullition. Écumez.
Couvrez et faites cuire à feu doux pendant 1 h, en écumant de temps
en temps. Après 1 h de cuisson, la couenne devra être transparente.
Égouttez la viande de porc et la couenne puis laissez refroidir.
Environ 20 min avant de servir, coupez la viande de porc
en tranches et la couenne en morceaux.
Recouvrez les nouilles d'eau bouillante et laissez reposer
pendant 5 min. Égouttez bien.
Dans un wok ou une sauteuse, faites chauffer l'huile à feu
moyennement vif. Ajoutez oignons, feuilles de kaffir, piment
et citronnelle et faites sauter pendant 2 min. Puis, ajoutez
les morceaux de viande de porc et de couenne
et faites sauter à feu vif pendant 5 min. Ajoutez sauce soja, restant
de la sauce de poisson et nouilles égouttées. Avec deux cuillères,
remuez et soulevez les nouilles, jusqu'à ce qu'elles soient chaudes
et enrobées de sauce.
Servez avec une garniture de feuilles de basilic rouge.

Ci-dessus *Nouilles Char Sui*

NOUILLES CHAR SUI

Une recette chinoise sophistiquée.

2 cuil. à soupe de sauce soja claire
1 cuil. à soupe de miel
1 gousse d'ail écrasée
1 cuil. à soupe de xérès sec
2 cuil. à soupe de sauce hoisin
2 cuil. à soupe de sauce d'huîtres
1 cuil. à soupe de sucre en poudre
2 cuil. à soupe d'huile

1 cuil. à café de graines
d'anis étoilé écrasées
350 g de rouelle de porc
200 g de nouilles de riz plates
100 g d'épinards ou de pak choi,
coupés en petits lambeaux
2 oignons nouveaux, coupés
Coriandre fraîche

Mélangez sauce soja, miel, ail, xérès, sauce hoisin, sauce d'huîtres,
sucre, huile et anis étoilé. Coupez la rouelle de porc en deux dans
le sens de la longueur et badigeonnez-la du mélange à la sauce soja.
Laissez mariner pendant 1 h. Préchauffez le four à 220 °C/
thermostat 7. Mettez le porc dans un petit plat à rôtir et faites rôtir
pendant 4 à 8 min. Arrosez avec le jus de cuisson et remettez le porc
au four. Réduisez la température à 180 °C/thermostat 4 et faites rôtir
pendant encore 4 à 8 minutes. Faites cuire les nouilles. En remuant,
ajoutez nouilles, épinards et oignons nouveaux. Égouttez et tenez
au chaud. Badigeonnez le porc du restant de marinade, puis coupez-le
en tranches disposées sur les assiettes avec les nouilles et les épinards,
le tout garni de coriandre.

NOUILLES À LA MOELLE DE BŒUF

Un en-cas ou un déjeuner délicieux et nourrissant. Les bouchers vous
donneront ou vous vendront la moelle de bœuf à un prix dérisoire.

230 g de nouilles aux œufs
d'épaisseur moyenne
60 g de moelle de bœuf
4 échalotes émincées
4 cuil. à soupe de xérès sec
Sel et poivre noir du moulin

2 cuil. à soupe de persil
frais haché
Pour la garniture
Quartiers de citron
2 cuil. à soupe de ciboulette
fraîche hachée

Faites cuire les nouilles 5 min dans une grande quantité
d'eau bouillante, puis égouttez-les bien.
Faites fondre la moelle de bœuf à feu moyen dans un wok ou
une sauteuse. Ajoutez les échalotes et faites sauter pendant 1 min.
Ajoutez le xérès et portez à ébullition. Ajoutez aussitôt les nouilles
et le persil. Avec deux cuillères, remuez et soulevez les nouilles
jusqu'à ce qu'elles soient chaudes et enrobées de sauce.
Assaisonnez généreusement, garnissez de quartiers de citron
et de ciboulette hachée.
Servez aussitôt.

NOUILLES CANTONAISES AU BŒUF

Les Cantonais ont la réputation d'être de fins gourmets ; le bœuf sauté à la sauce d'huîtres est un de leurs plats favoris.

350 g de tende-de-tranche de bœuf
1 cuil. à soupe de racine de gingembre fraîchement râpée
4 gousses d'ail, coupées en fines tranches
3 cuil. à soupe de sauce d'huîtres
2 cuil. à soupe de sauce soja

1 cuil. à café d'huile au piment
Sel et poivre noir du moulin
350 g de nouilles de blé chinoises plates ou de nouilles de riz plates
2 cuil. à café d'huile de sésame
2 oignons nouveaux hachés
1 gros poivron vert haché

Coupez le bœuf dans le sens inverse des fibres en lanières de 4 cm x 1 cm que vous mettrez dans un récipient avec gingembre, ail, sauce d'huîtres, sauce soja et huile au piment. Ajoutez sel et poivre et laissez mariner pendant 30 min.

Faites cuire les nouilles 5 min dans une grande quantité d'eau bouillante. Égouttez bien et tenez-les au chaud.

Dans un wok ou une sauteuse, faites chauffer l'huile puis faites-y sauter les oignons et le poivron vert pendant 30 secondes. Ajoutez le bœuf et la marinade puis faites sauter 4 min à feu vif. Goûtez et ajustez l'assaisonnement. Servez chaud, sur les nouilles.

NOUILLES AIGRES-DOUCES AU PORC

Les sauces aigres-douces ont toujours beaucoup de succès. Dans cette recette, les cubes de porc sont servis sur un lit de vermicelles de soja.

180 g de vermicelles de soja
2 cuil. à soupe d'huile de tournesol
450 g de viande de porc, désossée, coupée en cubes de 2,5 cm de côté
2 gousses d'ail écrasées
Morceau de 2,5 cm de racine de gingembre, grossièrement hachée
2 piments rouges frais, épépinés et coupés en tranches

60 g d'ananas frais ou en conserve au sirop, finement haché
3 cuil. à soupe de vinaigre de riz
3 cuil. à soupe de sauce de haricots de soja jaune
1 cuil. à soupe de sauce soja
1 pincée de sucre
1 cuil. à soupe de jus de citron
2 oignons nouveaux émincés, pour la garniture

Recouvrez les nouilles d'eau bouillante et laissez reposer pendant 5 min. Égouttez et tenez au chaud.

Dans un wok ou une grande poêle à frire, faites chauffer l'huile puis faites sauter porc, ail, gingembre et piments rouges pendant 2 min. Ajoutez ananas, vinaigre de riz, sauce de haricots de soja jaune et faites sauter à feu vif pendant 1 min, jusqu'à ce que la sauce commence à s'évaporer. Ajoutez la sauce soja et le sucre puis retirez du feu et arrosez de jus de citron.

Disposez les nouilles sur les assiettes et recouvrez-les de la préparation au porc. Garnissez de tranches d'oignons nouveaux et servez aussitôt.

PORC ÉPICÉ

La viande de porc est très utilisée dans la cuisine asiatique. Dans cette recette, le mélange d'épices donnera à la viande de porc un goût riche et fumé.

450 g d'échine de porc désossée
1 cuil. à soupe de clous de girofle
5 cuil. à soupe de vinaigre de riz
3 cuil. à soupe de purée de tomates
1 cuil. à café de poivre noir en grains, écrasés
1 bâton de cannelle écrasé

1 cuil. à café de graines d'anis étoilé, moulues
2 cuil. à soupe d'huile de tournesol
1 poireau, coupé en petites lamelles
2 carottes, coupées en allumettes
200 g de nouilles de riz plates
4 cuil. à soupe de coriandre fraîche

Pratiquez de petites entailles dans la viande de porc et insérez-y les clous de girofle. Mettez le porc dans un récipient assez grand. Dans une casserole, mélangez vinaigre de riz, purée de tomates, poivre en grains, une petite pincée de sel, cannelle et anis étoilé. Faites chauffer sans porter à ébullition. Nappez le porc puis réfrigérez pendant 4 h, en arrosant fréquemment.

Préchauffez le four à 180 °C/thermostat 4. Dans un wok ou une poêle à frire à bords épais, faites chauffer l'huile à feu moyennement vif. Ajoutez le porc (réservez la marinade) et faites-le cuire jusqu'à ce qu'il soit saisi de tous les côtés puis faites rôtir pendant 25 min. Pendant ce temps, préparez la sauce. Versez la marinade réservée dans une casserole et en remuant, ajoutez le poireau et les carottes. Portez à ébullition puis laissez cuire à feu doux pendant 5 min. Recouvrez les nouilles d'eau bouillante et laissez reposer pendant 10 min. Égouttez. Coupez le porc en tranches. Ajoutez coriandre et jus de cuisson. Répartissez les nouilles dans les assiettes, recouvrez-les de porc et de sauce.

Ci-dessus *Nouilles aigres-douces au porc*

BŒUF TAO MEIN

Un plat de nouilles chinois, dans une sauce très liquide et parfumée.

1 cuil. à soupe d'huile de tournesol
4 oignons nouveaux émincés
1 gousse d'ail écrasée
Morceau de 2,5 cm de racine de gingembre, grossièrement hachée
1 anis étoilé
300 g de steak d'aloyau coupé en lanières
1,2 l de bouillon de bœuf

120 g de haricots verts coupés en deux
1 cuil. à soupe de sauce soja
2 cuil. à soupe de xérès sec
120 g de pak choi, grossièrement haché
200 g de nouilles de blé chinoises plates ou de nouilles de riz plates
Huile au piment, pour servir

Dans un wok ou une sauteuse, faites chauffer l'huile. Faites-y sauter oignons, ail, gingembre et anis étoilé à feu moyen pendant 1 min. Ajoutez steak et haricots, bouillon, sauce soja, xérès et faites chauffer jusqu'à ce que le liquide commence à frémir. Ajoutez le pak choi et faites cuire à feu doux pendant 4 min.
Pendant ce temps, faites cuire 4 min les nouilles dans une grande quantité d'eau bouillante puis égouttez-les.
Répartissez les nouilles dans les bols de service et nappez-les de ragoût de bœuf. Servez aussitôt, accompagné d'huile au piment.

BOULETTES DE PORC

Version asiatique, en sauce aigre-douce, des spaghettis aux boulettes de viande.

450 g de porc haché
1 cuil. à soupe de xérès sec
1 cuil. à café de sel
1 œuf légèrement battu
2 oignons nouveaux finement hachés
1 cuil. à café de coriandre moulue
1 cuil. à café d'anis étoilé moulu
1 cuil. à café de racine de gingembre râpée
3 cuil. à soupe de sauce soja

4 cuil. à soupe de sucre en poudre
6 cuil. à soupe de vinaigre à l'ail
6 cuil. à soupe de purée de tomates
6 cuil. à soupe de jus d'orange
230 g d'ananas frais, ou en conserve au sirop, finement haché
300 ml de bouillon de poulet
230 g de vermicelles aux œufs
Quartiers de citron, pour la garniture

Dans un grand récipient, mélangez porc, xérès, sel, œuf, oignons nouveaux, coriandre, anis étoilé et gingembre. Confectionnez 12 boulettes (ou plus) et placez-les sur un plateau.
Réfrigérez pendant au moins 20 min.
Dans une casserole assez grande pour contenir toutes les boulettes, mélangez sauce soja, sucre, vinaigre, purée de tomates, jus d'orange, ananas et bouillon. Faites chauffer jusqu'à ce que le liquide commence à frémir. Ajoutez les boulettes de porc et faites cuire à feu doux pendant 15 min. Pendant ce temps, recouvrez les nouilles d'eau bouillante et laissez reposer pendant 3 min.
Égouttez et tenez les nouilles au chaud.
Répartissez les nouilles dans les assiettes, disposez les boulettes de viande et nappez de sauce. Garnissez de quartiers de citron et servez chaud.

CHAR KWEE TAN

230 g de nouilles de riz plates
1 œuf
3 cuil. à soupe d'huile de tournesol
1 cuil. à soupe de sauce de haricots de soja jaune
230 g de viande de porc maigre, désossée, coupée en lanières
2 oignons nouveaux coupés
1 gousse d'ail écrasée

Morceau de 2,5 cm de racine de gingembre râpée
1 poivron vert haché
180 g de grosses crevettes roses crues
200 g de champignons de mousse
50 g de pousses de soja
1 cuil. à soupe de xérès sec
1 cuil. à soupe de sauce soja claire
1 cuil. à soupe de sauce soja foncée

Recouvrez les nouilles d'eau bouillante et laissez reposer pendant 5 min. Égouttez et coupez les nouilles en morceaux de 5 cm.
Battez légèrement l'œuf avec l'eau. Dans un wok, faites chauffer 1 cuil. à café d'huile. Ajoutez l'œuf et tourner pour obtenir une très fine omelette. Retirez l'omelette et roulez-la.
Dans le wok, faites chauffer 1 cuil. à soupe d'huile et ajoutez sauce de haricots de soja jaune, sel, porc et oignons. Faites sauter à feu vif 3 min. Ajoutez les nouilles et faites sauter 1 min. Tenez au chaud.
Ajoutez le restant d'huile dans le wok, avec ail, gingembre et poivron vert. Faites sauter pendant 1 min, puis ajoutez les crevettes et faites sauter pendant encore 1 min, jusqu'à ce que les crevettes deviennent roses. Ajoutez les champignons et les pousses de soja et faites sauter.
Répartissez les nouilles au porc dans des assiettes. Retirez les crevettes et les légumes du wok et déposez-les sur les nouilles. Ajoutez le xérès et les sauces de soja au jus de cuisson dans le wok et, tout en remuant, faites chauffer à feu vif, jusqu'à ébullition. Versez cette sauce sur les nouilles et les crevettes, garnissez de petites lanières d'omelette et servez aussitôt.

RAMENS AU MISO

1 carré de konbu d'environ 7,5 cm de côté
50 g de haricots verts coupés en deux
300 g de nouilles ramen
1 l de bouillon de bœuf fort
3 cuil. à soupe de miso (pâte de haricots de soja)
2 cuil. à café d'huile de sésame
1 cuil. à soupe de mirin

Piment en poudre, à votre goût
Sel et poivre noir du moulin
1 cuil. à soupe d'huile de tournesol
200 g de tende-de-tranche de bœuf, coupé en fines tranches dans le sens inverse des fibres
50 g de cresson
2 oignons nouveaux, émincés
1 cuil. à soupe de gingembre en saumure, grossièrement haché

Recouvrez le konbu d'eau chaude et faites-le tremper pendant 15 min. Égouttez-le et coupez-le en petits morceaux. Faites blanchir les haricots 1 min puis passez-les sous l'eau froide et égouttez-les.
Recouvrez les nouilles d'eau bouillante et laissez reposer 2 min.
Faites chauffer le bouillon et en remuant, ajoutez miso, huile de sésame, mirin, konbu et piment en poudre. Dans un wok, faites chauffer l'huile de tournesol à feu vif et faites-y sauter le bœuf et les haricots pendant 1 min. Répartissez les nouilles dans les bols de service et nappez-les de bouillon au miso. Surmontez de bœuf et de haricots sautés, puis de cresson, d'oignons et de gingembre en saumure.

Ci-contre *Char Kwee Tan*

SOBA AU PORC

Un plat préparé avec une toute petite quantité de viande de porc, des nouilles soba parfumées et des pousses de soja craquantes.

1 cuil. à café de poivre noir
1 cuil. à soupe de sauce soja claire
1 cuil. à soupe de jus de citron
350 g de rouelle de porc en une seule pièce
300 g de nouilles soba
1,2 l de bouillon de poulet fort, épicé

100 g de pousses de soja
2 oignons nouveaux coupés en fines tranches
Pour la garniture
Morceau de 2,5 cm de racine de gingembre grossièrement hachée
1 piment rouge frais, coupé en tranches

Mélangez poivre, sauce soja et jus de citron et nappez la rouelle de porc de ce mélange en le faisant bien pénétrer dans la viande. Laissez mariner pendant 1 h.
Faites cuire les nouilles 3 min dans une grande quantité d'eau bouillante puis égouttez-les et tenez-les au chaud.
Faites chauffer une poêle à frire à bords épais. Quand la poêle est chaude, déposez-y la rouelle de porc et pressez-la avec une spatule. Couvrez la poêle et laissez cuire pendant 4 à 8 min. Retournez le porc et laissez cuire pendant 4 à 8 min. Retirez le porc de la poêle et laissez reposer pendant 1 min avant de le couper en fines tranches.
Répartissez les nouilles et le bouillon chaud dans les bols de service, ajoutez pousses de soja, oignons et tranches de porc.
Garnissez de gingembre et de piment rouge et servez aussitôt.

CHOW MEIN DE BŒUF

Le Chow Mein est généralement le premier plat de nouilles asiatiques que l'on goûte… et qui donne envie d'en connaître bien d'autres !

2 cuil. à soupe de sauce soja
5 cuil. à soupe de sauce hoisin
Poivre noir du moulin
450 g de tende-de-tranche de bœuf, coupé en fines tranches dans le sens inverse des fibres
230 g de nouilles chow mein
2 cuil. à soupe d'huile végétale
1 cuil. à café d'huile de sésame

3 oignons nouveaux, coupés en tranches dans le sens de la diagonale
Morceau de 2,5 cm de racine de gingembre, grossièrement hachée
1 poivron rouge coupé en dés
2 cuil. à soupe de vin de riz chinois ou de xérès sec
120 ml de bouillon de bœuf fort

Dans un récipient, mélangez sauce soja et sauce hoisin. Assaisonnez de poivre noir. Ajoutez les lanières de viande et laissez mariner pendant 1 h maximum (la sauce de soja risquerait de rendre la viande moins tendre).
Faites cuire les nouilles dans une grande quantité d'eau bouillante, selon les instructions indiquées sur le paquet puis égouttez-les.
Dans un wok ou une sauteuse, faites chauffer les deux huiles à feu vif. Faites-y sauter oignons, gingembre et poivron rouge pendant 1 min. Ajoutez la viande et la marinade et faites sauter pendant 2 min. Ajoutez les nouilles et en remuant, le vin de riz et le bouillon, puis mélangez et servez aussitôt.

PORC PHILIPPIN

Des ingrédients inhabituels, un résultat exceptionnel ! Le ketchup est un ingrédient très utilisé dans les cuisines asiatiques.

1 canette de boisson gazeuse au citron et citron vert ou de limonade
2 cuil. à soupe de gin
5 cuil. à soupe de ketchup
2 cuil. à café de sel à l'ail
1 cuil. à soupe de sauce Worcester

Sel et poivre noir du moulin
4 filets de porc désossés
200 g de vermicelles de riz
1 cuil. à soupe d'huile de tournesol
1 piment vert épépiné et haché
2 oignons nouveaux émincés

Dans un grand récipient non poreux, mélangez la boisson au citron, le gin, le ketchup, le sel à l'ail, la sauce Worcester et assaisonnez. Ajoutez les filets de porc et retournez-les dans la marinade. Réfrigérez pendant 2 h. Retirez du réfrigérateur 30 min avant la cuisson. Préchauffez le four à 180 °C/thermostat 4. Faites rôtir les filets de porc pendant 4 min. Arrosez avec le jus de cuisson, couvrez et laissez cuire pendant encore 15 min.
Pendant ce temps, faites cuire les nouilles dans une grande quantité d'eau bouillante. Égouttez-les et mélangez-les avec l'huile.
En remuant, ajoutez le piment vert et les oignons. Répartissez les nouilles dans les assiettes. Coupez chaque filet de porc en 6 tranches et disposez-les sur les nouilles.

RAMENS AU BŒUF ET AU PIMENT

Un ragoût de nouilles ramen très épicé, que vous pouvez rendre moins piquant, en utilisant des piments moins forts.

2 piments verts épépinés et hachés
1 cuil. à soupe de sauce chili douce
1 cuil. à soupe de graines de coriandre écrasées
2 gousses d'ail écrasées
120 ml d'huile de tournesol
400 g de steak d'aloyau en une seule pièce de 2,5 cm d'épaisseur

2 échalotes coupées fin
500 g de nouilles ramen
1,2 l de bouillon de bœuf fort, épicé
2 cuil. à café de piment en poudre
50 g de pousses de soja
4 cuil. à soupe de feuilles de coriandre fraîches
1 citron vert, coupé en quartiers

Dans un mortier, écrasez piments, sauce chili, coriandre, ail et 2 cuil. à soupe d'huile. Badigeonnez le bœuf de cette pâte en faisant bien pénétrer la pâte dans la viande. Laissez mariner pendant 1 h.
Dans un wok ou une poêle à frire, faites chauffer le restant d'huile et faites frire les échalotes jusqu'à ce qu'elles soient dorées. Égouttez. Recouvrez les nouilles d'eau bouillante et laissez reposer 3 min. À feu très vif, faites chauffer un wok ou une sauteuse. Mettez le bœuf dans le wok et pressez-le avec une spatule. Faites cuire pendant 2 à 5 min, retournez et faites cuire l'autre côté pendant 2 à 5 min, en pressant fermement, jusqu'à ce que le bœuf soit cuit à votre goût. Retirez le bœuf du wok et coupez-le en fines tranches.
Répartissez les nouilles dans les bols de service, nappez-les de bouillon et déposez le bœuf par-dessus. Parsemez d'échalotes frites et de piment en poudre. Servez aussitôt, accompagné de pousses de soja, de feuilles de coriandre et de quartiers de citron vert.

Ci-contre *Ramens au bœuf et au piment*

LÉGUMES

*De la soupe aux nouilles avec légumes tempura croquants, plat japonais traditionnel, au curry vert thaïlandais,
en passant par le Chow Mein chinois, voici toute une gamme d'idées pour préparer des plats végétariens consistants
ou créer des accompagnements originaux, qui vous mettront l'eau à la bouche.*

NOUILLES AUX PIMENTS

Sautées, les nouilles udon sont délicieuses et constituent à elles seules
un plat très nourrissant.

600 g de nouilles udon fraîches
3 oignons nouveaux hachés
100 g de pousses de soja
100 g de champignons parfumés
coupés en tranches
1 poivron rouge haché
1 gousse d'ail écrasée
Morceau de 2,5 cm de racine de
gingembre râpée

1 cuil. à soupe de mirin
1 cuil. à café d'huile au piment
1 cuil. à soupe de sauce soja claire
1 pincée de sucre
4 cuil. à café d'huile de tournesol
Pour la garniture
1 oignon nouveau, coupé fin
Poivre japonais aux sept-parfums
Gingembre ou radis en saumure

Dans un grand récipient, mélangez nouilles udon, oignons nouveaux,
pousses de soja, champignons parfumés et poivron rouge. Dans un
petit récipient, mélangez ail, gingembre, mirin, huile au piment,
sauce soja, sucre et 1 cuil. à café d'huile de tournesol.
Dans un wok ou une sauteuse, faites chauffer le restant d'huile de
tournesol. Quand l'huile est très chaude, ajoutez la préparation de
nouilles et faites sauter à feu vif pendant 3 min. Ajoutez la
préparation à base de sauce soja et avec deux cuillères, remuez et
enrobez les nouilles. Garnissez de tranches d'oignon, de poivron, de
gingembre ou de radis en saumure et servez aussitôt.

NOUILLES UDON SAUTÉES

Des nouilles juste assez piquantes qui prendront toute leur saveur
accompagnées d'un curry ou d'un plat chaud.

2 échalotes, 2 gousses d'ail
2 petits piments rouges frais
Morceau de 5 cm de racine de
gingembre grossièrement hachée

1/2 cuil. à café de sel
230 g de vermicelles aux œufs
2 cuil. à soupe d'huile de tournesol
1 cuil. à soupe d'eau

Passez au mixeur échalotes, ail, piments, gingembre et sel,
jusqu'à obtention d'une pâte homogène. Recouvrez les nouilles d'eau
bouillante et laissez reposer 4 min puis égouttez-les.
Dans un wok, faites chauffer l'huile et en remuant, ajouter la pâte.
Faites sauter 1 ou 2 min, jusqu'à ce que la pâte commence à dégager
son odeur. Ajoutez l'eau et les nouilles, mélangez avec la pâte et faites
sauter pendant 3 min. Servez aussitôt.

NOUILLES ÉPICÉES À L'INDONÉSIENNE

« Bami Goreng » : un plat indonésien, riche en saveurs.

2 feuilles de kaffir, coupées
en petits morceaux
1/2 tige de citronnelle,
finement hachée
3 piments rouges frais hachés
2 gousses d'ail grossièrement hachées
2 clous de girofle
2 cuil. à café de graines
de coriandre
1/2 cuil. à café de pulpe de
tamarin ou 2 cuil. à café de jus
de tamarin (voir page 7)
2 cuil. à café de cassonade

2 cuil. à café de curcuma
1 cuil. à café de cannelle moulue
230 g de vermicelles aux œufs
3 cuil. à soupe d'huile de tournesol
3 échalotes émincées
Morceau de 2,5 cm de racine
de gingembre râpée
Morceau de 5 cm de galangal râpé
Jus de 1 citron vert
2 cuil. à soupe de cacahuètes non
salées, grillées, grossièrement hachées
Sauce soja indonésienne (kecap
manis), pour servir

Dans un mortier, écrasez feuilles de kaffir, citronnelle, piments
rouges, ail, clous de girofle et graines de coriandre, jusqu'à obtention
d'une pâte. Transférez la pâte dans un bol et en remuant, ajoutez
tamarin, cassonade, curcuma et cannelle moulue.
Mettez les nouilles dans un grand récipient, recouvrez-les d'eau
bouillante et laissez reposer 3 min ou suivez les instructions
indiquées sur le paquet, puis égouttez-les bien.
Dans un wok ou une sauteuse, faites chauffer l'huile. Ajoutez
les échalotes et faites-les cuire 10 min à feu doux ou jusqu'à ce
qu'elles soient tendres. Augmentez la température, ajoutez
le gingembre et le galangal et faites sauter pendant 1 min.
Ajoutez la pâte d'épices et faites sauter jusqu'à ce que la pâte
commence à dégager son odeur.
Ajoutez le jus de citron vert et les nouilles et faites cuire
pendant 4 ou 5 min. Remuez et soulevez les nouilles
avec deux cuillères, jusqu'à ce qu'elles soient enrobées de pâte.
Transférez dans un plat de service et parsemez de cacahuètes.
Servez aussitôt, accompagné de kecap manis.

NOUILLES SAUTÉES À LA THAÏLANDAISE

Une association très spéciale de différentes saveurs et textures. Vous pourrez également rouler les nouilles et les pousses de soja dans une fine omelette et garnir ce plat de cacahuètes, tofu et crevettes frits.

150 ml d'huile de tournesol
2 cuil. à soupe rases de cacahuètes non salées, émincées
2 cuil. à soupe rases de tofu ferme, coupé en dés
2 cuil. à soupe de crevettes séchées
230 g de vermicelles de riz
2 piments rouges séchés, épépinés et finement moulus
1 échalote finement hachée
1 gousse d'ail écrasée

4 cuil. à soupe de sauce de poisson
1 cuil. à soupe de cassonade
2 cuil. à café de jus de tamarin (voir page 7)
Jus de 1 citron vert
90 g de pousses de soja
2 œufs
2 cuil. à soupe d'eau
3 cuil. à soupe de coriandre fraîche hachée

Dans un wok ou une sauteuse, faites chauffer l'huile, puis faites frire les cacahuètes jusqu'à ce qu'elles soient bien dorées. Égouttez-les sur du papier absorbant. Faites frire le tofu, puis les crevettes séchées. Égouttez. Gardez l'huile de friture dans le wok.
Mettez les nouilles dans un grand récipient et recouvrez-les d'eau bouillante. Laissez reposer 3 min. Égouttez bien.
Gardez 2 cuil. à soupe d'huile de friture dans le wok, ajoutez piments rouges, échalote, ail, sauce de poisson, cassonade, tamarin et jus de citron vert. Faites sauter la pâte d'épices jusqu'à ce qu'elle soit odorante. Ajoutez les pousses de soja et les nouilles puis remuez. Transférez dans un plat de cuisson, couvrez et tenez au chaud dans le four, à faible température. Battez légèrement les œufs avec l'eau. Versez dans le wok chaud et faites cuire une omelette large et fine que vous transférerez dans une assiette.
Répartissez les nouilles sur l'omelette, parsemez de coriandre et roulez l'omelette. Disposez l'omelette sur un plat de service chaud et garnissez de cacahuètes, de tofu et de crevettes séchées frites.

CHOW MEIN

Un plat chinois très populaire, qui varie selon le cuisinier et la saison. La plupart des recettes chinoises n'ont jamais été écrites ; c'est pourquoi il existe de multiples versions d'un même plat.

4 champignons chinois séchés ou 4 champignons parfumés frais
400 g de nouilles chow mein
5 cuil. à soupe de bouillon de légumes
1 cuil. à soupe de sauce soja
1 cuil. à soupe de sauce d'huîtres
1 cuil. à soupe de sauce hoisin
2 cuil. à soupe de xérès sec

1 cuil. à soupe d'huile de tournesol
2 oignons nouveaux émincés
1 gousse d'ail écrasée
60 g de pousses de bambou en conserve, égouttées
8 châtaignes d'eau en conserve, émincées
120 g de pousses de soja

Si vous utilisez des champignons chinois séchés, faites-les tremper 15 min dans l'eau chaude, puis égouttez-les, équeutez-les et coupez les chapeaux en tranches. Si vous utilisez des champignons parfumés frais, émincez-les. Faites cuire les nouilles dans une grande quantité d'eau bouillante puis égouttez-les bien. Dans un bol, mélangez bouillon de légumes, sauce soja, sauce aux huîtres, sauce hoisin et xérès sec. Dans un grand wok, faites chauffer l'huile, à feu moyennement vif. Ajoutez les oignons nouveaux et l'ail et faites sauter pendant 1 min. Ajoutez champignons, pousses de bambou et châtaignes et faites sauter à feu vif pendant 1 min. Ajoutez les pousses de soja et le mélange de sauces et remuez jusqu'à ce que les ingrédients soient bien mélangés. Faites cuire à feu doux pendant 2 min jusqu'à ce que la sauce ait légèrement épaissi. Ajoutez les nouilles dans le wok, remuez et soulevez-les avec deux cuillères jusqu'à ce qu'elles soient enrobées. Servez fumant.

NOUILLES AUX ÉPINARDS

Un plat très appétissant, à base de brocolis, d'épinards et de nouilles aux œufs, auquel les châtaignes d'eau apportent une consistance croquante inattendue.

1/2 cube de bouillon de poulet
230 g de nouilles aux œufs d'épaisseur moyenne
1 cuil. à soupe d'huile de tournesol
500 g d'épinards

180 g de bouquets de brocolis
200 g de châtaignes d'eau en conserve, égouttées et émincées
Sel et poivre noir du moulin

Faites bouillir une grande casserole d'eau et émiettez-y le cube de bouillon de poulet. Ajoutez les nouilles et faites cuire 4 ou 5 min puis égouttez-les bien.
Faites blanchir les bouquets de brocoli dans l'eau bouillante, égouttez-les bien et tenez-les au chaud.
Faites chauffer l'huile dans un wok ou une sauteuse, puis faites-y sauter les épinards pendant environ 5 min, jusqu'à ce qu'ils commencent à flétrir. En remuant, ajoutez les bouquets de brocolis. Ajoutez les châtaignes et faites sauter pendant 1 min. En remuant, ajoutez les nouilles puis laissez cuire en mélangeant. Assaisonnez et servez aussitôt.

NOUILLES AU POIVRON JAUNE

Mariage parfait et surprenant de la sauce au poivron jaune, douce, et des nouilles soba, riches et consistantes.

300 g de nouilles soba
6 poivrons jaunes
1 tête d'ail entière
2 cuil. à soupe d'huile d'olive

Sel et poivre noir
du moulin
Basilic rouge frais, pour la
garniture

Préchauffez le four à 200 °C/thermostat 6. Coupez les poivrons jaunes en deux dans le sens de la longueur, épépinez-les et enlevez les parties blanches fibreuses. Disposez les moitiés de poivron et la tête d'ail sur une grille de cuisson et faites cuire pendant 30 min. Pressez l'ail : si celui-ci ne se presse pas facilement, faites-le cuire pendant encore 20 min environ. Mettez les poivrons et l'ail dans un sac en plastique et laissez refroidir.
Quand les poivrons auront refroidis, pelez-les. Coupez le sommet de la tête d'ail, de façon à faire apparaître les gousses. Dans un bol ou au mixeur, écrasez les gousses d'ail et mélangez-les avec les poivrons jaunes. En remuant, ajoutez l'huile d'olive et assaisonnez généreusement.
Dans une petite casserole, faites chauffer la sauce aux poivrons jaune à feu doux. Pendant ce temps, faites cuire les nouilles dans une grande quantité d'eau bouillante puis égouttez-les. Mélangez les nouilles avec la sauce et garnissez de basilic rouge.

NOUILLES AUX CHAMPIGNONS

Selon la saison, vous pouvez utiliser toutes sortes de champignons frais ou séchés.

2 oignons nouveaux
1 gousse d'ail, non pelée,
légèrement écrasée
120 g de champignons des prés ou
de champignons de mousse,
coupés en quarts
60 g de champignons
parfumés émincés

2 cuil. à soupe d'huile de tournesol
60 g de pleurotes émincés
ou coupés en deux
15 g de porcini séché que vous
aurez fait tremper 15 min dans
l'eau chaude
Sauce soja claire, à votre goût
230 g de vermicelles aux œufs

Coupez les oignons nouveaux en lamelles de 5 cm puis coupez chaque lamelle très finement dans le sens de la longueur.
Dans un wok ou une sauteuse, faites chauffer l'huile et l'ail. Ajoutez les oignons nouveaux et les champignons des prés puis remuez. Ajoutez les champignons parfumés, puis les pleurotes, remuez et ajoutez le porcini. Faites chauffer les champignons jusqu'à ce qu'ils soient odorants. Assaisonnez de sauce soja.
Dans un grand récipient, recouvrez les nouilles d'eau bouillante et laissez reposer 3 min puis égouttez-les.
Disposez les nouilles en piles sur un plat de service. Enlevez la gousse d'ail et nappez de champignons et de jus de cuisson. Servez chaud.

UDON KITSUNE

Au Japon, en Chine et en Thaïlande, on utilise depuis des siècles le tofu ou la pâte de haricots de soja, riches en protéines, et qui s'imprègnent facilement de la saveur des autres ingrédients.

100 g de tofu ferme
4 cuil. à soupe de sauce
soja foncée
1 cuil. à soupe de sucre en poudre
4 oignons nouveaux, coupés en
tranches fines, dans le sens
de la diagonale
2 cuil. à soupe de sauce soja claire

1 cuil. à café de cassonade
2 l de bouillon dashi
1 cuil. à soupe de saké ou
de xérès sec
Sel
1 cuil. à soupe de hijiki, que vous
aurez fait tremper 10 min
dans l'eau chaude

Faites bouillir une casserole d'eau. Ajoutez le tofu puis portez de nouveau à ébullition, égouttez aussitôt et coupez le tofu en petits cubes.
Dans une petite casserole, mélangez 400 ml de bouillon dashi, 2 cuil. à soupe de sauce soja foncée et le sucre en poudre. Amenez à ébullition. Ajoutez les cubes de tofu et faites cuire à feu doux pendant 5 min. Égouttez et jetez le liquide de cuisson. Faites cuire les nouilles 5 min dans une grande quantité d'eau bouillante. Mettez les oignons dans une petite passoire métallique et trempez-les brièvement dans l'eau bouillante. Puis passez-les sous l'eau froide. Égouttez les nouilles, rincez-les et égouttez-les bien.Mettez dans une casserole restant du bouillon dashi et de la sauce soja foncée, sauce soja claire, cassonade et saké ou xérès. Portez à ébullition puis salez. Disposez les nouilles dans les bols de service, ajoutez tofu, oignons et hijiki trempé.
Versez le bouillon chaud et servez aussitôt.

Ci-dessus *Nouilles au poivron jaune*

NOUILLES ÉPICÉES À LA THAÏLANDAISE

Un plat réunissant toutes les saveurs de la Thaïlande.

230 g de nouilles de riz plates	2 cuil. à soupe de sauce de poisson
3 cuil. à soupe d'huile de tournesol	30 g de cacahuètes non salées, grossièrement hachées
1 cuil. à café d'huile de sésame	
1/2 tige de citronnelle, finement hachée	1 cuil. à café de cassonade
	60 g de ciboulette fraîche, coupée en petites lamelles
2 gousses d'ail émincées	
1 cuil. à café de radis en saumure coupé en morceaux	5 cuil. à soupe de jus de citron vert
	Pour servir
230 g de pousses de soja	Coriandre fraîche hachée
2 cuil. à soupe de sauce soja indonésienne (kecap manis)	Quartiers de citron vert
	Piment en poudre

Dans un grand récipient, recouvrez les nouilles d'eau bouillante et laissez reposer 5 min puis égouttez-les bien.

Dans un wok, faites chauffer l'huile de tournesol et l'huile de sésame. Ajoutez la tige de citronnelle hachée et faites sauter à feu moyen pendant 2 min. Ajoutez l'ail et le radis en saumure et faites sauter à feu vif, pour les faire brunir.

Ajoutez les nouilles et la moitié des pousses de soja et mélangez bien. En remuant, ajoutez sauce soja, sauce de poisson, cacahuètes et sucre. Faites frire à feu moyennement vif pendant 2 min.

Ajoutez la ciboulette et transférez dans un plat de service.

Sur les nouilles, ajoutez les pousses de soja restantes et le jus de citron vert. Accompagnez de coriandre, des quartiers de citron vert et de piment en poudre.

NOUILLES VERTES

Une recette qui met en valeur la saveur délicieusement fraîche de la coriandre. Vous pouvez préparer la sauce à l'avance (elle se conserve au réfrigérateur 3 à 5 jours) et la réchauffer avant de servir.

1 gousse d'ail	1 piment rouge frais, épépiné et émincé
1 cuil. à café de sel	
1 cuil. à soupe de poivre noir	3 cuil. à soupe de jus de citron
60 g de coriandre fraîche, avec les tiges et les racines	150 ml de lait de coco
	2 cuil. à soupe de beurre de cacahuète
2 cuil. à soupe de persil frais haché, de préférence à feuilles plates	
	230 g de nouilles de riz plates
2 oignons nouveaux hachés	Quartiers de citron, pour servir

Pour la sauce : dans un mortier, écrasez ail, sel, grains de poivre noir et coriandre. Ajoutez persil, oignons nouveaux, piment et écrasez jusqu'à obtention d'une pâte grossière. Transférez la pâte dans une casserole et en remuant, ajoutez jus de citron, lait de coco et beurre de cacahuète. Faites chauffer le mélange jusqu'à ce qu'il soit frémissant. Pendant ce temps, mettez les nouilles dans un grand récipient et recouvrez-les d'eau. Laissez reposer 5 min puis égouttez-les bien. Mélangez les nouilles et la sauce jusqu'à ce que les nouilles soient enrobées. Servez aussitôt, avec les quartiers de citron.

NOUILLES DANDAN

Un plat végétarien, qui doit sa saveur prononcée aux cacahuètes, également connu sous le nom de « Nouilles du mendiant ».

1 cuil. à café d'huile au piment	5 piments rouges séchés
1 gousse d'ail écrasée	60 g de cacahuètes non salées
4 cuil. à soupe de beurre de cacahuète	1,5 l de bouillon de poulet fort
	150 g de chou chinois en saumure, grossièrement haché
4 cuil. à soupe de sauce soja claire	
2 cuil. à soupe de cassonade	230 g de nouilles aux œufs d'épaisseur moyenne
1 cuil. à soupe de vinaigre balsamique ou de vinaigre chinois noir	
	2 cuil. à café d'huile de sésame
2 cuil. à soupe d'huile de tournesol	4 oignons nouveaux, coupés en fines tranches

Dans un bol, mélangez huile au piment, ail, beurre de cacahuète, sauce soja, cassonade et vinaigre, puis fouettez vigoureusement.

Dans un wok ou une sauteuse, faites chauffer l'huile de tournesol et faites frire les piments jusqu'à ce qu'ils soient craquants, puis égouttez-les sur du papier absorbant. Dans la même huile, faites frire les cacahuètes jusqu'à ce qu'elles soient dorées, puis égouttez-les sur du papier absorbant.

Dans une casserole, faites chauffer le bouillon de poulet jusqu'à ce qu'il soit frémissant puis ajoutez la moitié du chou en saumure. Couvrez et faites cuire 2 min maximum à feu doux. Tenez au chaud.

Dans un grand récipient, recouvrez les nouilles d'eau bouillante et laissez reposer pendant 2 min maximum.

Égouttez et mélangez-les avec l'huile de sésame.

Disposez les nouilles dans les bols de service réchauffés.

Nappez-les avec la sauce, puis versez le bouillon chaud.

Servez aussitôt, accompagné d'oignons nouveaux, de piments et de cacahuètes frits ainsi que du restant de chou en saumure, que chacun ajoutera à son goût.

Ci-contre *Nouilles vertes*

NOUILLES AU SÉSAME ET AU CHOU

Un accompagnement parfait pour une recette simple de porc ou de poulet.

200 g de vermicelles aux œufs
2 cuil. à soupe d'huile de tournesol
500 g de choux de Savoie, coupés en petits morceaux

2 cuil. à café d'huile de sésame
1 cuil. à soupe de sauce soja
3 cuil. à soupe de graines de sésame grillées

Faites cuire les nouilles 4 min dans une grande quantité d'eau bouillante puis égouttez-les bien.

Dans un wok ou une sauteuse, faites chauffer l'huile de tournesol et l'huile de sésame, ajoutez le chou et faites sauter 6 ou 7 min. Ajoutez la sauce soja.

Ajoutez les nouilles dans le wok et faites sauter avec le chou pendant environ 2 min, en mélangeant avec deux cuillères. Ajoutez les graines de sésame, remuez et servez aussitôt.

NOUILLES ÉPICÉES DU SICHUAN

Du fait du climat très doux, les légumes poussent en abondance dans la province du Sichuan, en Chine occidentale.
Les spécialités culinaires de cette région sont les plats très épicés ou aux saveurs salées.

1 cuil. à soupe de poivre du Sichuan en grains
50 g de racine de gingembre grossièrement hachée
3 graines d'anis étoilé
1/2 cuil. à café de cannelle moulue
3 clous de girofle
2 oignons nouveaux finement hachés
1,5 cuil. à soupe de miel
3 cuil. à soupe de sauce soja claire
1 cuil. à soupe de xérès sec

1 cuil. à soupe d'huile de sésame
1 cuil. à soupe d'huile de tournesol
Jus de 1 citron vert
1 cuil. à soupe de vinaigre de riz ou de vinaigre de cidre
1 pincée de sucre
50 g de coriandre fraîche hachée
230 g de nouilles aux œufs d'épaisseur moyenne
200 g de feuilles de moutarde ou autres herbes chinoises

Dans un mortier, écrasez grains de poivre du Sichuan, gingembre, anis étoilé, cannelle, clous de girofle et oignons nouveaux jusqu'à obtention d'une pâte grossière. Transférez dans un bol et ajoutez miel, sauce soja, xérès, huile de sésame, huile de tournesol, jus de citron vert, vinaigre et sucre.

En remuant, ajoutez la coriandre hachée.
Dans un grand récipient, recouvrez les nouilles d'eau bouillante et laissez reposer 5 min puis égouttez-les. Faites chauffer un wok ou une sauteuse puis ajoutez la pâte d'épices. Faites sauter jusqu'à ce qu'elle soit odorante. Ajoutez les nouilles et mélangez jusqu'à ce qu'elles soient chaudes et enrobées de sauce. Faites sauter les feuilles de moutarde dans le jus de cuisson et nappez-en les nouilles. Servez aussitôt.

POIVRONS FARCIS

Les vermicelles de riz constituent une farce parfaite pour les légumes. Dans cette recette, les demi poivrons rouges cuits sont farcis avec une préparation au concombre, aux graines de coriandre et à l'ail.

4 poivrons rouges
100 g de vermicelles de riz
1/2 concombre, pelé et haché
1 cuil. à soupe de graines de coriandre écrasées
1 cuil. à soupe d'huile de tournesol

1 cuil. à café d'huile de sésame
2 gousses d'ail écrasées
1 cuil. à soupe environ de sauce soja
2 cuil. à soupe de graines de sésame grillées

Préchauffez le four à 180 °C/thermostat 4. Coupez les poivrons non équeutés en deux dans le sens de la longueur, épépinez-les et enlevez les parties blanches fibreuses. Disposez les moitiés de poivron sur une grille de cuisson et recouvrez-les de papier aluminium.
Faites cuire pendant 15 min.
Dans l'emballage, cassez les nouilles en petits morceaux.
Mettez-les dans un grand récipient et recouvrez-les d'eau bouillante.
Laissez reposer 3 min puis égouttez-les bien.
Mélangez le concombre et les graines de coriandre.
Dans un wok ou une sauteuse, faites chauffer l'huile de tournesol et l'huile de sésame, ajoutez l'ail et faites sauter 1 min à feu moyennement vif. Ajoutez le mélange de concombre et de graines de sésame et faites sauter 2 min. Ajoutez les nouilles.
Mélangez les nouilles jusqu'à ce qu'elles soient chaudes et enrobées. Assaisonnez de sauce soja.
Disposez 2 moitiés de poivron sur chaque assiette, remplissez-les de farce. Servez chaud, avec une garniture de graines de sésame.

NOUILLES AU CITRON ET AU PIMENT

Un accompagnement passe-partout, excellent avec un curry ou un plat frit.

400 g de nouilles de riz plates ou de vermicelles de riz
3,5 cuil. à soupe de jus de citron vert

2 piments rouges frais, épépinés et hachés

Faites cuire les nouilles dans une grande quantité d'eau bouillante, soit dans une casserole, soit en les faisant tremper, selon les instructions indiquées sur le paquet.
Mélangez les nouilles chaudes avec le jus de citron vert et les piments hachés. Servez chaud.

LASAGNES ORIENTALES

Des légumes d'hiver à la sauce de haricots de soja entre des couches de crêpes aux nouilles frites.

180 g de citrouille, épluchée, coupée en cubes	30 g de beurre
1 carotte coupée en cubes	100 g de vermicelles aux œufs
1 navet coupé en cubes	3 cuil. à soupe de sauce de haricots de soja jaune
1 poireau coupé en dés	2 oignons nouveaux coupés en fines tranches
1 cuil. à soupe d'huile de tournesol	Huile pour friture
1 gousse d'ail écrasée	Coriandre fraîche hachée, pour la garniture
Sel et poivre noir du moulin	

Préchauffez le four à 180°/thermostat 4. Dans un plat de cuisson, mélangez citrouille, carotte, navet et poireau puis huile et ail. Assaisonnez et ajoutez des noisettes de beurre. Couvrez et faites cuire 1 h ou jusqu'à ce que les légumes soient tendres.
Pendant ce temps, mettez les nouilles dans un grand récipient et recouvrez-les d'eau bouillante. Laissez reposer 3 min puis égouttez bien les nouilles. Sur un plan de travail, répartissez les nouilles en 12 portions et aplatissez-les en crêpe d'environ 10 cm de diamètre. Laissez sécher.
Quand les légumes sont bien tendres, réduisez au minimum la température du four. Badigeonnez les légumes de sauce de haricots de soja et en remuant, ajoutez les oignons. Tenez au chaud dans le four pendant que vous faites frire les nouilles.
Dans un wok ou une sauteuse, versez 5 cm d'huile et faites chauffer à 180 °C. Placez une crêpe sur une écumoire métallique, puis faites-la glisser dans l'huile, en veillant à ne pas la déformer. Faites frire chaque côté jusqu'à ce qu'il soit bien doré. Égouttez sur du papier absorbant et salez généreusement. Procédez de la même façon pour toutes les crêpes.
Pour servir, disposez la préparation de légumes entre deux crêpes et parsemez de coriandre.

NOUILLES AU CITRON ET AU PERSIL

Une recette inspirée du gremolata méditerranéen.

2 cuil. à soupe de zeste de citron râpé	1 cuil. à café de poivre noir du moulin
2 cuil. à soupe de persil frais finement haché	Nouilles de votre choix
Sel	1 cuil. à soupe de jus de citron

Mélangez le zeste de citron, le persil, le poivre noir et le sel. Faites cuire les nouilles selon les instructions indiquées sur le paquet. Égouttez et mélangez aussitôt avec le jus de citron puis la préparation au zeste de citron. Servez chaud.

NOUILLES AU CURRY VERT

Une variante du curry vert thaïlandais traditionnel. Vous pouvez remplacer les légumes par un plat de nouilles aromatisées.

230 g de nouilles de riz plates	**Pour la pâte d'épices**
1 cuil. à soupe d'huile	Morceau de 2,5 cm de galangal haché
60 g de haricots verts blanchis	1 cuil. à café de graines de coriandre
2 courgettes coupées en dés	1/2 cuil. à café de poivre noir
250 ml de lait de coco	3 clous de girofle
120 g d'épinards thaïlandais ou d'épinards ordinaires	1 tige de citronnelle grossièrement hachée
Jus de 1 citron	4 cuil. à soupe de coriandre hachée
2 cuil. à soupe de basilic frais haché	3 gousses d'ail
1 cuil. à soupe de coriandre fraîche hachée	2 échalotes hachées
	6 piments verts frais épépinés
1 cuil. à soupe de menthe fraîche hachée	1 cuil. à café de pâte de crevettes
	2 feuilles de kaffir

Pour la pâte d'épices, écrasez les ingrédients dans un grand mortier. Mettez les nouilles dans un grand récipient et recouvrez-les d'eau bouillante. Laissez reposer 3 min, puis égouttez bien.
Dans un wok, faites chauffer l'huile puis faites-y sauter la pâte d'épices jusqu'à ce qu'elle soit odorante. Ajoutez les haricots et les courgettes et faites sauter à feu moyen pendant 1 min. Ajoutez le lait de coco et faites chauffer jusqu'à ce que le liquide soit frémissant. En mélangeant, ajoutez les nouilles et les épinards. Arrosez de jus de citron, de basilic, de coriandre et de menthe. Servez aussitôt.

Ci-dessus *Nouilles au curry vert*

Soba Moyashi

Baptisé à tort « soba » par les japonais, ce plat est préparé avec des nouilles ramen.

Morceau de 5 cm de mooli, coupé en petits morceaux	60 g de haricots verts
	1 carotte coupée en allumettes
Morceau de 2,5 cm de racine de	1 cuil. à soupe de ketchup
gingembre, coupée en morceaux	400 g de nouilles ramen
1 oignon nouveau coupé	180 g de tofu ferme, coupé en cubes
en fines tranches	60 g de cresson
1,5 l de bouillon de légumes	Sauce soja, pour servir

Mettez mooli, gingembre et oignon nouveau dans trois petits bols de service.

Dans une casserole, portez le bouillon à ébullition et faites blanchir les haricots pendant 2 min, puis ôtez-les du bouillon à l'aide d'une écumoire. Faites blanchir les allumettes de carotte pendant 1 min maximum et ôtez-les du bouillon avec une écumoire. Aromatisez le bouillon de légumes avec le ketchup.

Faites cuire les nouilles dans une grande quantité d'eau bouillante selon les instructions indiquées sur le paquet, puis égouttez-les. Disposez les nouilles dans les bols de service. Répartissez haricots, carotte, cubes de tofu et cresson dans les bols. Versez le bouillon chaud et servez aussitôt, accompagné d'oignon nouveau, de gingembre, de mooli et de sauce soja.

Nouilles au basilic et à la tomate

Une spécialité californienne qui doit son extraordinaire saveur à une quantité inhabituelle de basilic frais.

230 g de tomates-cerises	30 g de basilic frais
1 cuil. à café de sel	2 cuil. à café d'huile d'olive
1 cuil. à café de sucre en poudre	Sel et poivre noir du moulin
230 g de vermicelles aux œufs	Parmesan râpé, pour servir

Préchauffez le four à 180 °C/thermostat 4. Coupez les tomates en deux et mélangez-les avec le sel et le sucre. Disposez-les sur un plateau de cuisson et faites cuire pendant 1 h ou jusqu'à ce qu'elles s'affaissent. Laissez refroidir.

Faites cuire les nouilles 3 à 4 min dans l'eau bouillante puis égouttez-les bien et tenez-les au chaud.

Passez le basilic au mixeur et ajoutez une quantité d'huile d'olive suffisante pour obtenir une pâte. Ajoutez la pâte dans les nouilles et mélangez jusqu'à ce que les nouilles soient bien enrobées. Salez et poivrez. Déposez les tomates sur les nouilles. Parsemez de parmesan et servez.

Soba Tempura

Le plat de tous les contrastes : une soupe aux nouilles soba avec des beignets de légumes tempura légers et croustillants, à tremper dans une sauce d'accompagnement.

1 carotte coupée en lamelles de 1 cm x 4 cm	1,2 l de bouillon dashi
60 g de bouquets de brocolis	**Pour la sauce**
60 g de haricots verts	5 cuil. à soupe de mirin
1 courgette coupée en lamelles de 1 cm x 4 cm	5 cuil. à soupe de sauce soja
	3 cuil. à soupe de bonite émiettée
60 g de champignons de mousse	
120 g de patates douces, coupées en dés de 2 cm de côté	**Pour la pâte**
	1 jaune d'œuf
Huile pour friture	450 ml d'eau glacée
Farine complète	180 g de farine complète
230 g de nouilles soba	1 pincée de bicarbonate de soude

Commencez par préparer la sauce. Dans une petite casserole, portez le mirin à ébullition et laissez bouillir jusqu'à ce qu'il ait réduit de moitié. En remuant, ajoutez la sauce soja et la bonite émiettée et portez de nouveau à ébullition. Retirez aussitôt du feu et égouttez. Versez la sauce dans un bol de service.

Faites blanchir les lamelles de carotte 1 min dans l'eau bouillante, passez-les sous l'eau froide et égouttez-les bien.

Préparez de la même façon les autres légumes avant de passer à la préparation de la pâte. Mélangez le jaune d'œuf à l'eau froide. Versez la farine et le bicarbonate de soude en pluie et remuez jusqu'à obtention d'un mélange homogène.

Dans un wok ou une friteuse, faites chauffer l'huile à 180 °C. Enrobez les légumes d'une fine couche de farine. Par lots, trempez-les dans la pâte et faites-les aussitôt frire dans l'huile chaude pendant environ 1 min. Égouttez sur du papier absorbant et tenez au chaud.

Faites cuire les nouilles dans le bouillon dashi bouillant pendant 4 min. Égouttez et réservez le bouillon.

Disposez les nouilles dans les bols de service et versez le bouillon. Sur le dessus des nouilles, disposez quelques légumes frits. Servez aussitôt, accompagné de la sauce, dans laquelle vous tremperez les beignets de légumes.

INDEX

Adaptation française : Joëlle TOUATI
Texte original : Cara HOBDAY
Secrétariat d'édition : Anne TERRAL

Première édition française 1996 par Librairie Gründ, Paris
© 1996 Librairie Gründ pour l'adaptation française
ISBN : 2-7000-5375-3
Dépôt légal : août 1996
Édition originale 1996 par George Weidenfeld and Nicolson Limited
sous le titre original *100 great noodles recipes*
© Weidenfeld & Nicolson limited
Photocomposition : GPI - Juigné-sur-Sarthe
Imprimé en Italie

(Texte composé en Garamond Regular et Garamond Semi Bold)